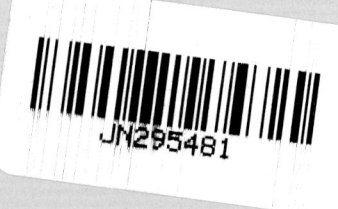

うまくなる！
グラウンド・ゴルフ
技術

朝井正教＝著

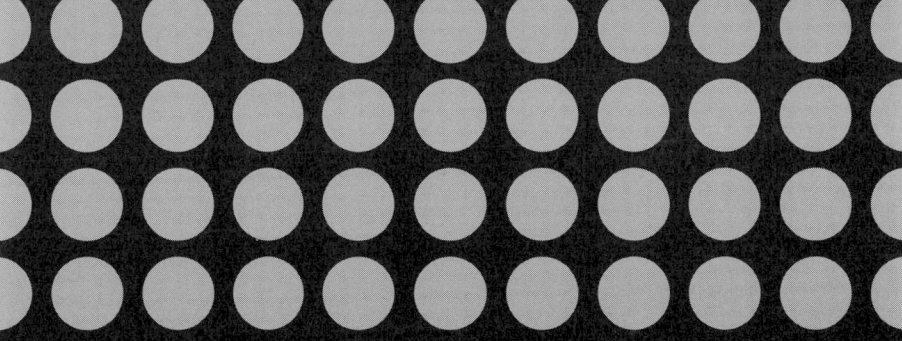

はじめに

今まで、グラウンド・ゴルフの技術についてはあまり論じられていませんでした。愛好者の層がゴルフ経験者からまったくの初心者まで幅広くなるにつれ、「グラウンド・ゴルフの技術練習はどのようにすればよいのか」「指導できる人はいないのか」との声を聞くようになりました。技術を向上させたいという愛好者が増加しているのです。

グラウンド・ゴルフの醍醐味は、なんといってもホールインワン「トマリ」したときの感激でしょう。始めたその日からゲームが楽しめ、ときにはホールインワン「トマリ」もあるのです。このように、グラウンド・ゴルフは偶然性に富んだスポーツであり、高度な技術がなくてもプレーできるスポーツといえます。

しかしながら、このようなケースはあくまでも偶然であり、運がよかったと理解すべきです。基本的な技術が身についているプレーヤー、つまりホールポストにボールを寄せる技術が高い人ほどホールインワンの確率は高くなり、常に安定したよいスコアを出すことができるのは間違いありません。

※ルール、Q & A等については、公益社団法人日本グラウンド・ゴルフ協会発行の「グラウンド・ゴルフルールブック」が最新となることを申し添えます。

グラウンド・ゴルフは、ゴルフをモデルに考案されていますが、ゴルフと比べた場合、クラブは１本であり、クラブフェースに傾斜がないうえ、ボールの大きさ、重さ、素材に大きな違いがあります。ここに、ゴルフとは異なったグラウンド・ゴルフ独特のテクニックがあるとわたしは考えています。

とくにショットは、複数のクラブでプレーするゴルフとは技術や技術練習方法に大きな違いがありますし、パットもゴルフボールとの重さの違いが技術練習方法の違いとなるのです。

本書は、ゴルフの技術をベースにしながらグラウンド・ゴルフの技術や技術練習方法を提案する目的で構成いたしました。グラウンド・ゴルフ愛好者の皆さんのプレー技術を向上させるための一助となれば幸いです。

2011年４月

朝井正教

※本書の内容に関するお問い合わせは、著者：朝井正教宛に郵送かFAXにてお願い致します。
〒682-0702 鳥取県東伯郡湯梨浜町橋津111番地　FAX：0858-35-3935

Contents 目次

うまくなる！グラウンド・ゴルフ 技術

第2章
さまざまな状況でのショット

第3章

ゲームに強くなろう

第4章
うまくなるための練習法

第5章

デザイン　北原曜子（ワンダフル）

イラスト　イトヒロ

モデル　岡田江美、斉藤ユキ

撮影協力　日本エアロビクスセンター グラウンド・ゴルフ場

編集協力　プロランド

第1章

基本の技術を学ぼう

1 用具について
——すべての人が同じように楽しめる工夫がある

鳥取県泊村で始まったグラウンド・ゴルフ。その用具は、高齢者のみなさんの協力を得て、最適な機能性、耐久性、安全性、美的感覚などを考慮に入れて開発されました。

クラブでボールを打ったときの“カーン”という心地のいい音を出すクラブとボール。“チリーン”という音を発する直径36センチのホールポスト。

そんな心地のいい音を聞きながら行うグラウンド・ゴルフですが、用具は、老若男女、だれでもが同じようにプレーできるように工夫されています。非力な人も、高齢者も、簡単に扱うことができるのです。

機能性、耐久性、安全性、美的感覚などを考慮に入れて開発された。だれでも手軽に扱うことができるのが特徴

1 クラブ

- 打ったときに快音が聞けるように、材質は木製が基本。
- ヘッド部分は、ボールをとらえる面が広く、打面には傾斜をつけないつくりになっている。
- 身長の違いによって生じるクラブの傾斜角度にも対応できるように、ヘッド底面に丸みをつけている。
- 打ったときに、腕や肩に負担がかからないように配慮されている。

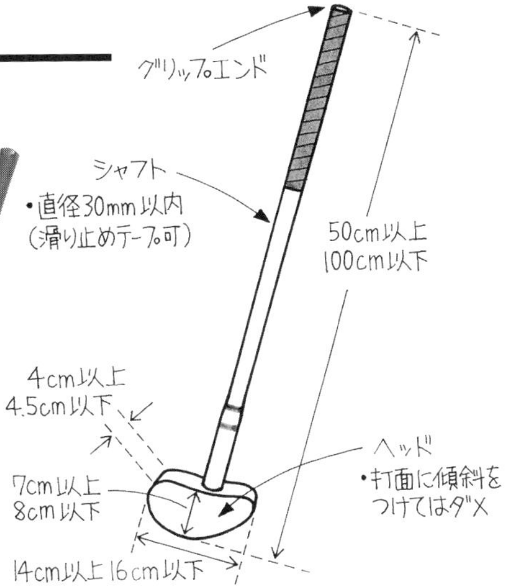

デザイン、色もいろいろあって、好みのものを選ぶことができる

2 ボール

- 安全性を考えて、できるだけ飛ばない、弾まないように考えられている。
- 打ったときの快音が聞けるように、材質が工夫されている。
- 競技中にボールの所有者がわかるように、多くのカラーボールがある。

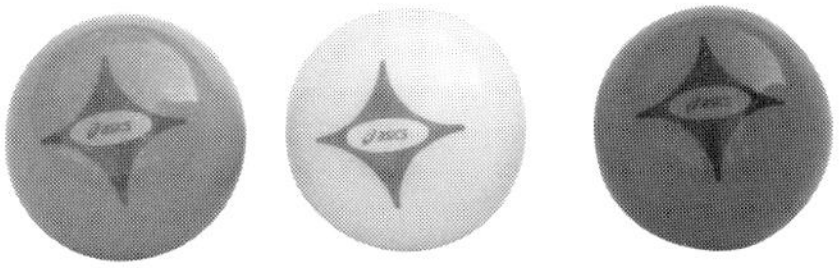

クラブとのバランスを考えて、大きさ、材質、重さが配慮されている

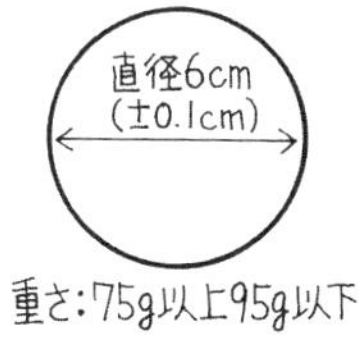

3 ホールポスト

- どんな条件の場所でも簡単にコースがつくれるように、移動式、配置式になっている。
- 持ち運びしやすいように、ポール部分は分解できたり縮めたりできる形状になっている。
- ホールインの目印になるように、金属線の輪をつけている。
- ポールの上部にはホールポストナンバーが記されている。

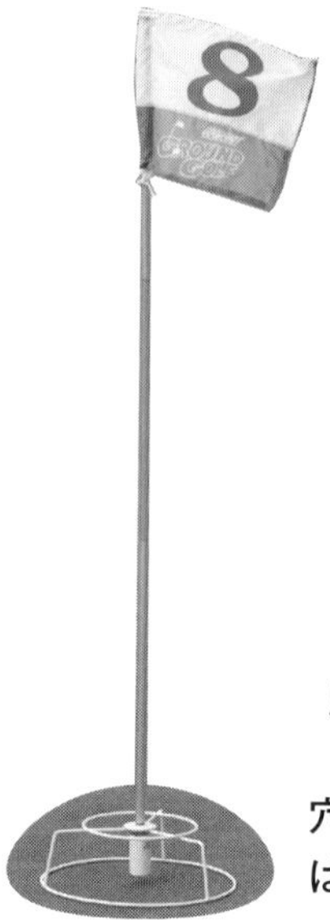

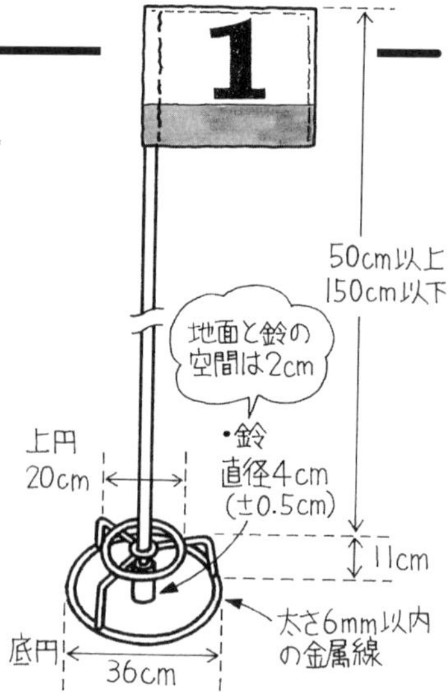

穴を掘ってホールをつくるのではなく、置くだけでよい形状だ

4 スタートマット

- スタート位置を示すもの。どこにでも移動できる簡易なもの（ゴム製など）。
- 地面から少し高めの位置にボールを置けるようにティーの高さが工夫されている。

ティーがあるので、1打目からの空振りを避けることができる

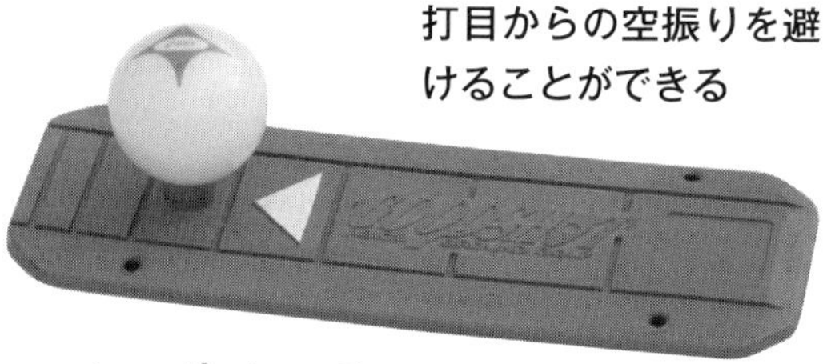

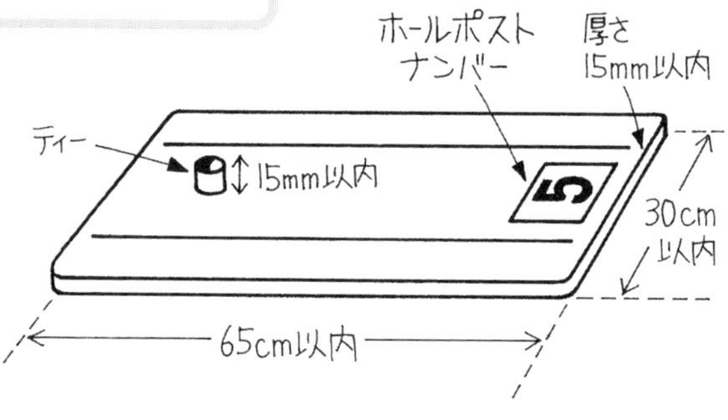

2 グリップの握り方
── クラブは指で握ろう

クラブの握り方のことを「グリップ」といいます。ゴルフでは、長い歴史の中で使われてきた数多くのグリップがあります。グラウンド・ゴルフも、グリップの握り方はゴルフと同じ考え方や技術でよいのです。手の大きさや腕の力に適した自分に合った握り方を、練習しながら見つけ出し、自分のものにしていきましょう。

ボールコントロールしやすいグリップを身につけることは、プレーを楽しむためにも大切なポイントとなります。ここでは、一般的に用いられている「グリップ」を紹介します。

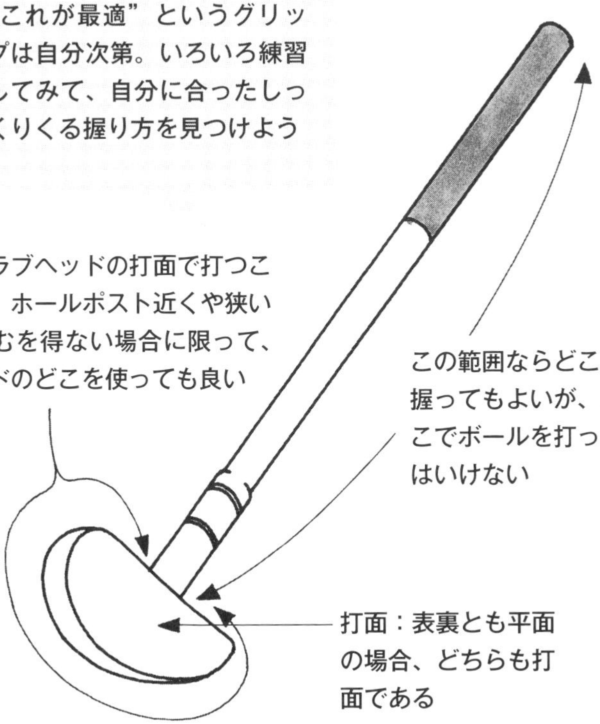
“これが最適”というグリップは自分次第。いろいろ練習してみて、自分に合ったしっくりくる握り方を見つけよう
ボールはクラブヘッドの打面で打つこと。ただし、ホールポスト近くや狭い場所など止むを得ない場合に限って、クラブヘッドのどこを使っても良い
この範囲ならどこを握ってもよいが、ここでボールを打ってはいけない
打面：表裏とも平面の場合、どちらも打面である

1 一般的なグリップ

グリップは、握りやすいものがいちばんです。“握りやすい”“しっくりしている”が選ぶ基準ですが、一般的には、インターロッキング、オーバーラッピングがおすすめです。

いろいろ握ってみて、自分に合うものを見つけてください。

インターロッキング・グリップ

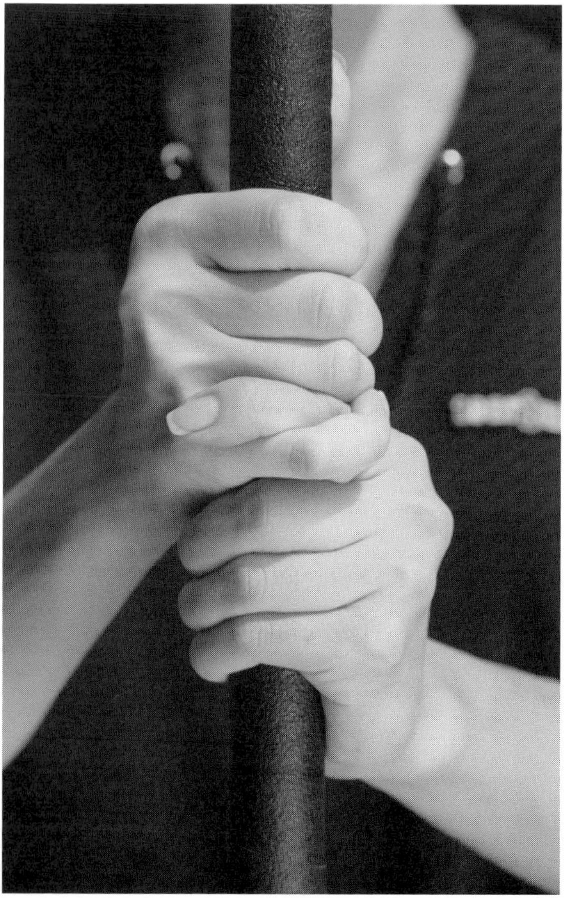

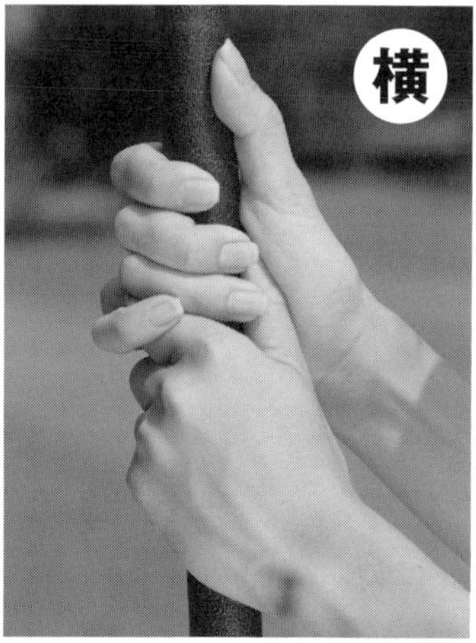

両手の位置は 18 ページで説明しているベースボール型グリップと同じで、指を絡めるようにして握るグリップ。右利きの場合は、右手の小指と左手の人差し指を組み合わせる。このグリップは両手の手首の位置が近くなり、両手を一緒に動かしやすくなる

オーバーラッピング・グリップ

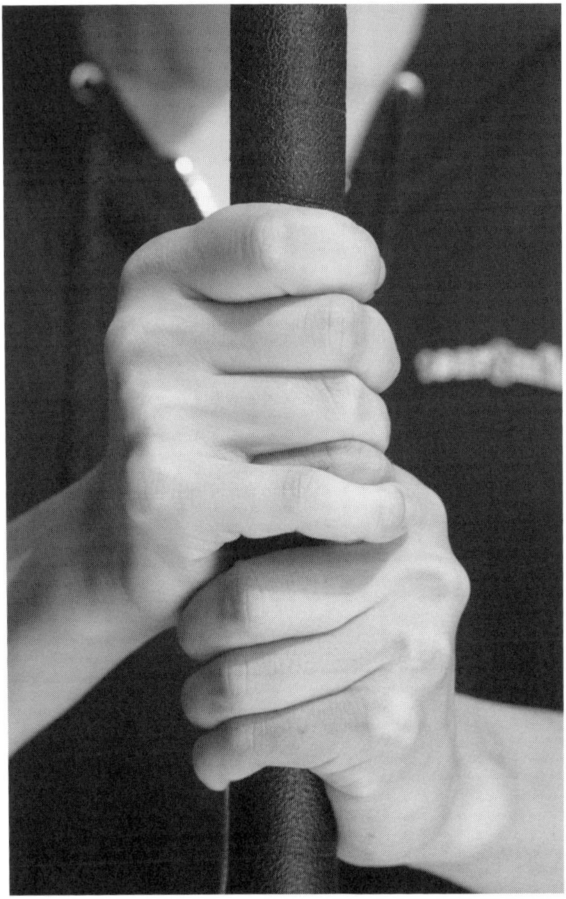

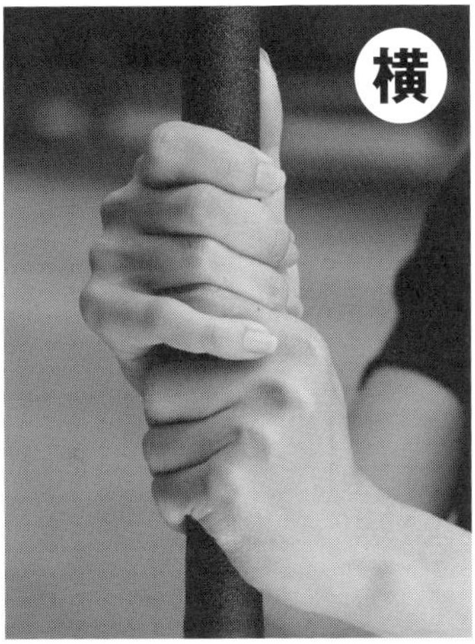

両手の位置はベースボール型グリップと同じで、利き手をややかぶせるようにして握るグリップ。右利きの場合は、右手の小指を左手の人差し指と中指の間に乗せ、右手の親指付け根のふくらみを左手の親指に乗せる。利き手の力が勝ちすぎて方向がずれるのを防ぎ、両手が密着しているのでぶれることもない

2 握り方の手順

一般的なグリップであるインターロッキング・グリップ、オーバーラッピングの握り方の手順を説明します。グラウンド・ゴルフの握り方は、ゴルフと同じ考え方、技術でよいのです。

クラブが握りやすければどんな握り方でもＯＫですが、この手順が基本になりますので覚えてください。自分の手にしっくりなじむように、何度も練習してみてください。いつの間にか自然に握れるようになります。

ボールコントロールしやすいグリップを身につけることは、プレーを楽しむための大切なポイントになります。

手順を覚えよう

グリップエンドに左手をセットする。薬指、小指で握る感じがいい

インターロッキング・グリップ

左手人差し指と右手小指をからめ、右手は上から握るようにする

右手親指、人差し指を中心にセットする。親指が正面を指すようにするといい

オーバーラッピング・グリップ

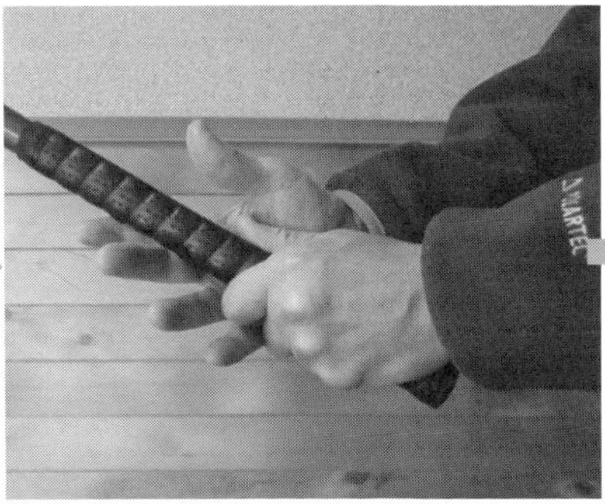

左手人差し指の上を、右手小指が覆うようにセットする

右手小指は左手人差し指を覆ったままグリップする。親指が正面を指すようにするといい

3 そのほかのグリップ

そのほかのグリップとしては、ベースボール型グリップ、ホッケー型グリップなどがあります。自分に合っているかどうかを確かめるために、いろいろ握ってみてください。

握りやすいかどうかは、とても大きなポイントです。握りやすい、打ちやすいを基準にして、自分のグリップを決めましょう。

ベースボール型グリップ

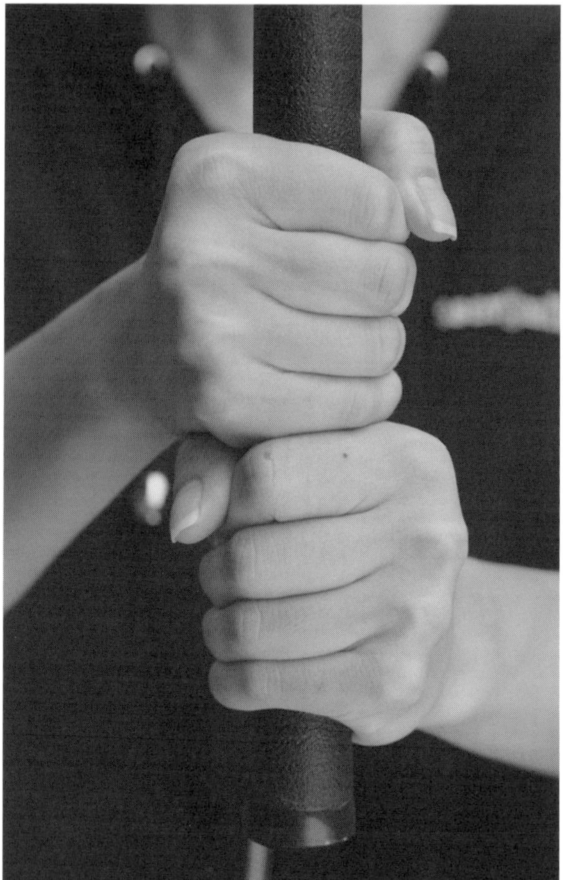

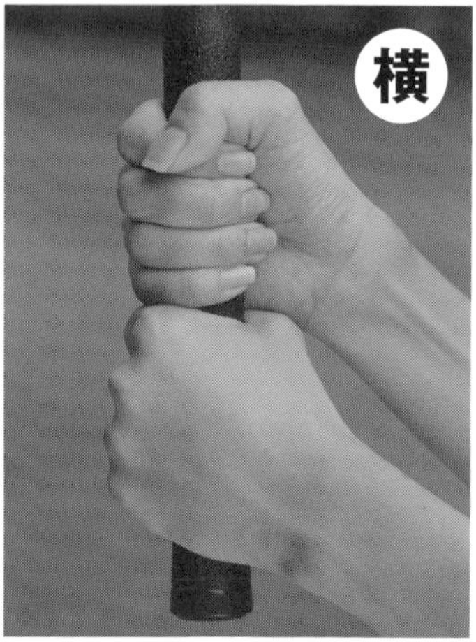

ゴルフ型ニュースポーツでは、一般的に多く用いられているグリップである。野球やソフトボールのバットを握る方法と同じ。右利きの場合は、右手を前方にして握り、左手を手前に添えるように軽く握り、ヘッドがボールに当たる瞬間に力を加えるようにする。力のコントロールは右手、ボールのコントロールは左手で行う

ホッケー型グリップ

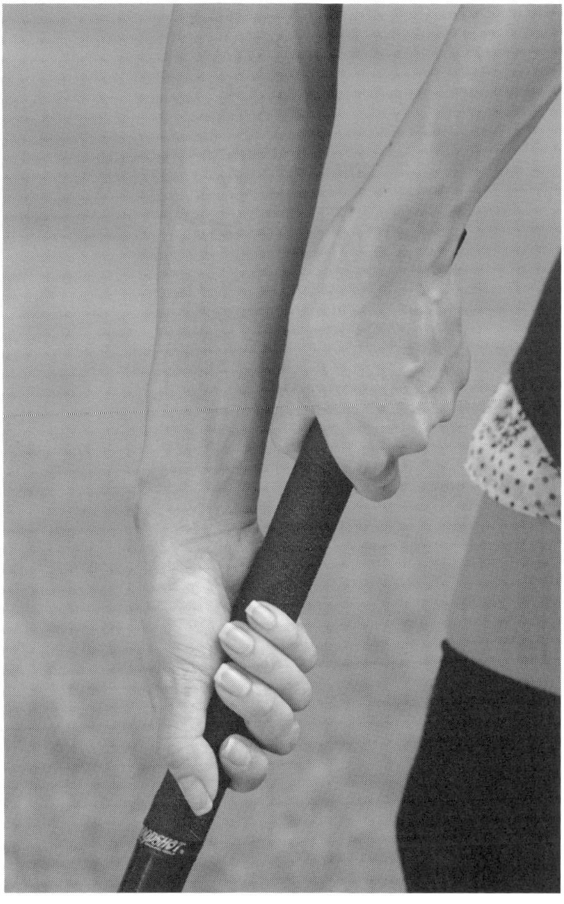

ベースボール型グリップの要領で、両手の間隔を離して握るグリップ。このグリップはホールポストに近づいてから用いると、ボールに加える力をコントロールしやすいという人が多いようだ

4 握りの強さ

握りの強さは、強すぎても弱すぎてもよくありません。強すぎたり、弱すぎたりするとクラブヘッドの動きをコントロールできなくなります。人によって握力の違いがありますが、クラブヘッドを顔の前まで上げ、握りの強さを自分に合った適切な握りの強さかどうか確認することもひとつの方法です。また、クラブを体の前に突き出したとき、クラブフェースがまっすぐになっているかどうかを確認することも大切です。

左右どちらかに向いている場合は、どちらかの握りが強すぎるということです。

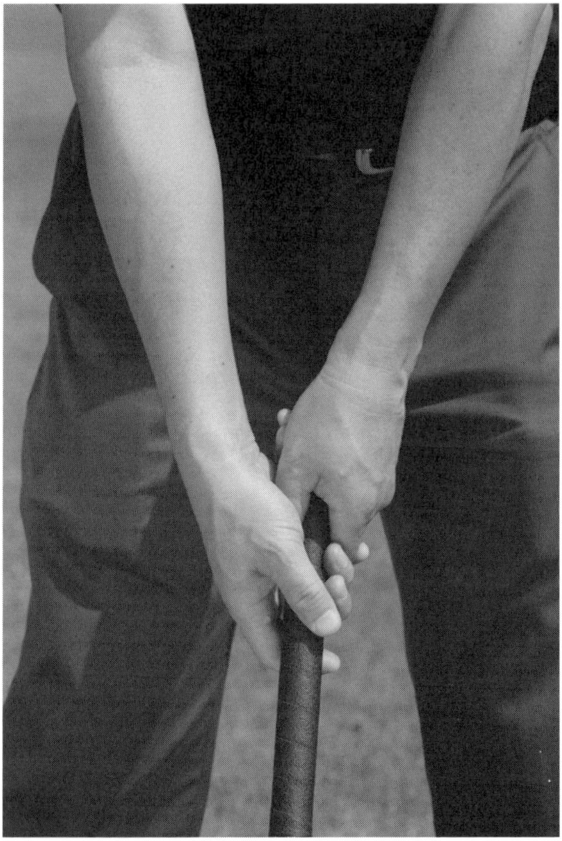

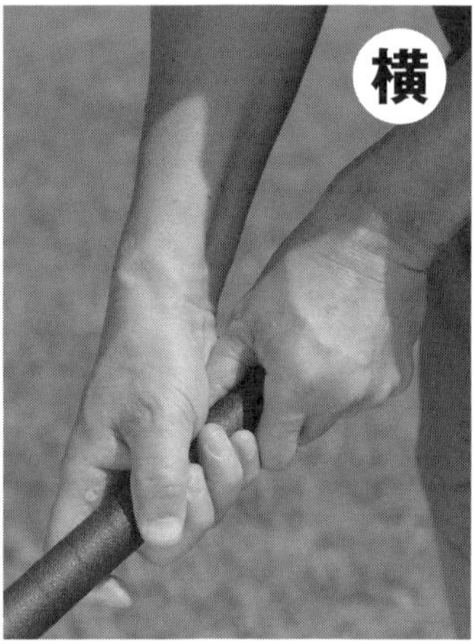

強すぎない、弱すぎない握り方がいい。ほどよいゆるみのある握り方を身につけよう

クラブフェース面はまっすぐですか？

クラブを体の前に突き出してみて、フェース面がまっすぐかどうかチェックしてみてください。まっすぐなフェース面ができていれば、クラブヘッドの動きをコントロールでき、結果、ボールをコントロールできます。グリップとフェース面の関係をつかむことが大事です。

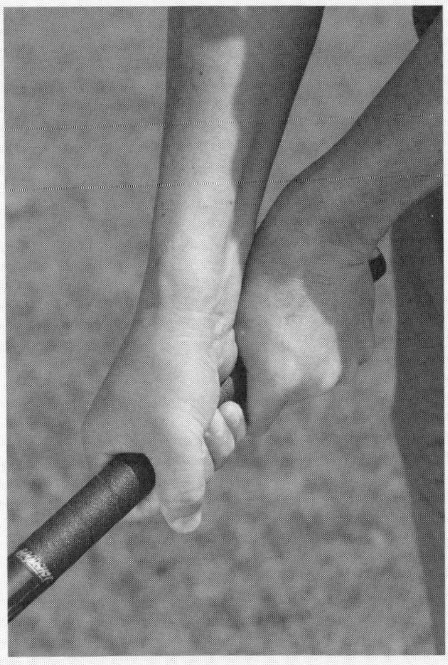

強く握りすぎていると……

クラブを強く握りすぎると、クラブヘッドの動きをコントロールできなくなります。まっすぐなフェース面ができなくなり、ボールは思っている方向に飛んでくれません。ミスの原因になります。

3 構え

——体全体をリラックスして構える

構えた姿勢では、極端に形にこだわる必要はありません。自然に脚を開き両足に体重を乗せて、少し膝を曲げ、背筋を伸ばしやや前傾して、力を抜いてリラックスすることが大切です。はじめからどこかに力が入っていると、ぎごちないスイングになってしまいますから、要注意です。

構えの姿勢は、力みなく、自然体がいい。リラックスすることで、クラブを正しく振ることができる

構えの姿勢は
自然に背筋を
伸ばしてやや前傾
肩は力を抜いて、
ストンと下げた
感じに
膝は軽く
曲げる
両足に体重を
乗せる

NG!

猫背で腰が落ちすぎていると……

背中から腰にかけて力が入りすぎて、前傾が不自然になってはいけません。自然に、リラックスして、を心がけましょう。

4 スタンス
――足幅は肩幅が基準

ボールを打つときの足の位置のことを「スタンス」といいます。ただ足を置くといっても、簡単なことではありません。ボールからどれくらい離れているか、足幅はどれくらいがいいのか。ショットの目的によってスタンスの取り方は違ってきます。

まず、標準的なスタンスの足幅を決めましょう。個人差はありますが、一般的には肩幅と同じくらいに両足の間隔を開けると、安定して、さまざまなショットに対応できます。

このときのボールを置く位置は、目の真下から左足のカカト延長線上の範囲（右利きの場合）が目安になります。個人差がありますので、自分に最適な位置を練習でつかみましょう。

足幅は肩幅と同じくらい。ボールは、目の真下と左足カカト延長線上の範囲内に置く

スタンスは
肩幅が基準
ボールの位置は
目の真下から
左足のカカト
延長線上の間
足幅は
肩幅と
ほぼ同じ

POINT!

ショットの目的で スタンスは変わる

スタンスの基準は肩幅ですが、ショットによって、狭くしたり広げたり……。そんな対応力が必要です。ただ、どんな場面でも、ふわふわ浮わついている感じではなく、どっしり地面を踏みつけていることが不可欠です。

5 セットアップ（アドレスの手順）
――ホールポストに対してスクエアに構える

セットアップの基本的な手順を覚えてください。ミスショットを最小限に抑えるためには、このセットアップが大きなポイントになります。きちんと自然にできるようになりましょう。

握りの感触をつかむ

クラブを顔の前方にもってきて、握りの感触をつかんでみましょう。クラブを上下に動かすために、握り締めないように握ることができるようになります。

1 後方から打つ方向を確かめる

2 スタンスを決めクラブを上げて握りの感触をつかむ

セットアップの手順

1 後方から打つ方向を確かめる

セットアップをする前に、ボール後方からショットする方向を確認。その際、距離やコースの状況も確認し、どの程度の強さでどの方向へショットするかのおおよそのイメージをつかむ。

2 スタンスを決めクラブを上げて握りの感触をつかむ
（参照：グリップの握り方、握りの強さ）

ボールをショットする位置に置き、自分に適したスタンスを決めて、クラブを顔前方へ上げ、グリップの感触やフェースの角度を確認する。

3 クラブを下ろしながらショット姿勢をつくる

クラブをゆっくりと下ろしながら、体をショットができる姿勢に折りたたみ、ゆっくりとクラブフェースをボールに合わせる。

4 ボールの合わせを微調整する

クラブフェースがボールに合ったら、クラブのソールが地面に触れない程度まで下げ、リラックスした姿勢を保つ。

3 クラブを下ろしながらショット姿勢をつくる

4 ボールの合わせを微調整する

6 基本のスイングとは
――クラブヘッドでボールを直角にとらえる

スイングとは、ボールを正しい方向へ距離に適した強さで、クラブヘッドで直角に正確にとらえることです。そして、何よりもスイングの練習を重ね飛距離の感覚をつかむことが大切です。

ここでは、右利きの場合を例にしてスイングを６段階に分けて説明します。まず、スタンスを決め、体重を両足に等しくかけて、上半身を少し前に倒すようにします。肩と両腕で三角形をつくるように構えます。その際、体の力をゆるめリラックスすることが大事です。

第１段階
アドレス

第２段階
テークバック

第３段階
バックスイング

スイングの6段階

第1段階	アドレス	ボールを打つための構え
第2段階	テークバック	クラブを後方に引いていく動作
第3段階	バックスイング	クラブヘッドを必要な高さまで、後方に引き上げる動作
第4段階	ダウンスイング	クラブをアドレスの位置まで戻していく動作
第5段階	インパクト	クラブフェースがボールをとらえる動作
第6段階	フォロースルー	ボールを打ったあとの動作

第4段階
ダウンスイング

第5段階
インパクト

第6段階
フォロースルー

1 第1段階 アドレス

ボールを打つための構えがアドレスです。肩の力を抜いて、軽く前傾して、リラックスした姿勢をとります。

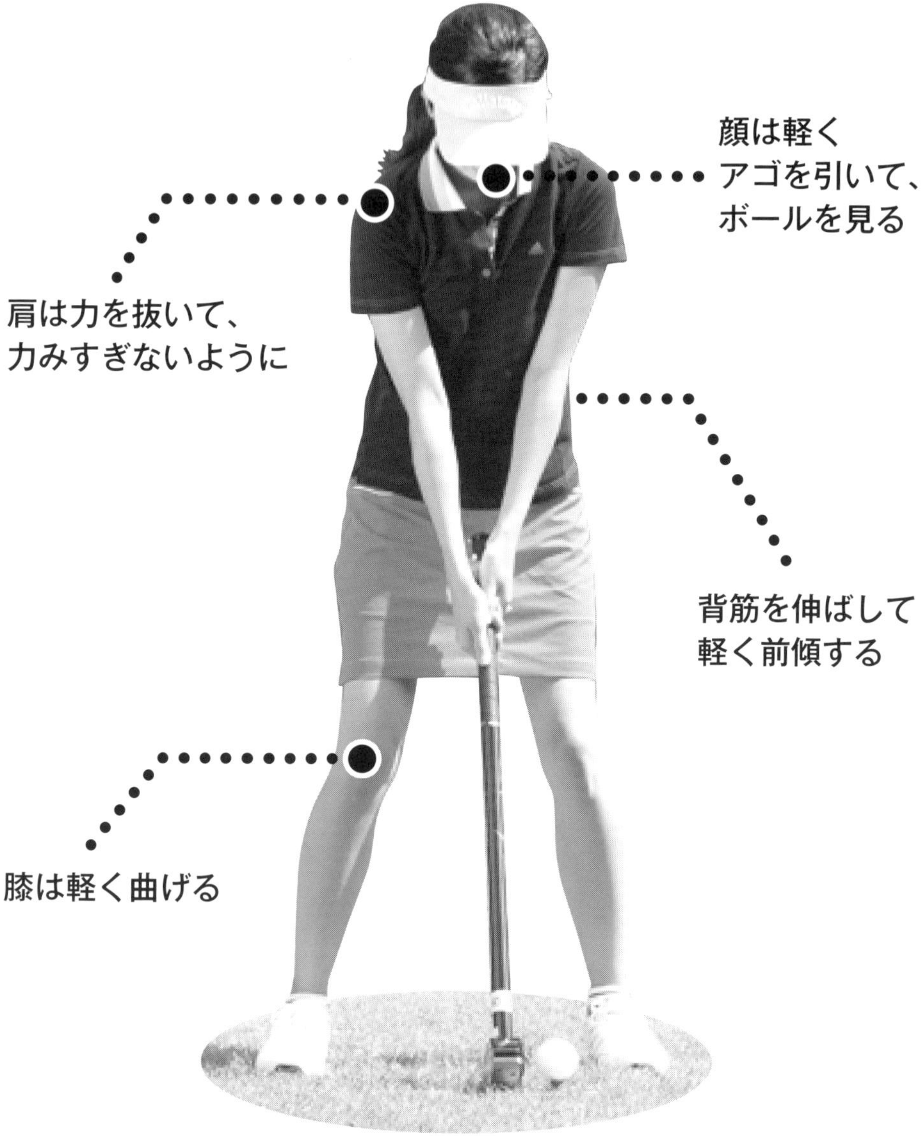

顔は軽く
アゴを引いて、
ボールを見る
肩は力を抜いて、
力みすぎないように
背筋を伸ばして
軽く前傾する
膝は軽く曲げる

2 第2段階 テークバック

肩を回転させて、クラブを後方に引いていく動作がテークバックです。左肩を右足の位置まで移動させる感じで行うといいでしょう。

1

右腰を後方に回転させながら、クラブを後方に引いていく

2

頭の位置はボールを見続けているので、移動させない

3

体重を右足に移動させて、クラブをしっかり後方へ引く

3 第3段階 バックスイング

クラブヘッドを必要な高さまで、後方に引き上げる動作がバックスイングです。どのくらい打つかによって、引き上げる位置が変わってきます。この位置で“力をためる＝タメ”の感覚を持ちましょう。

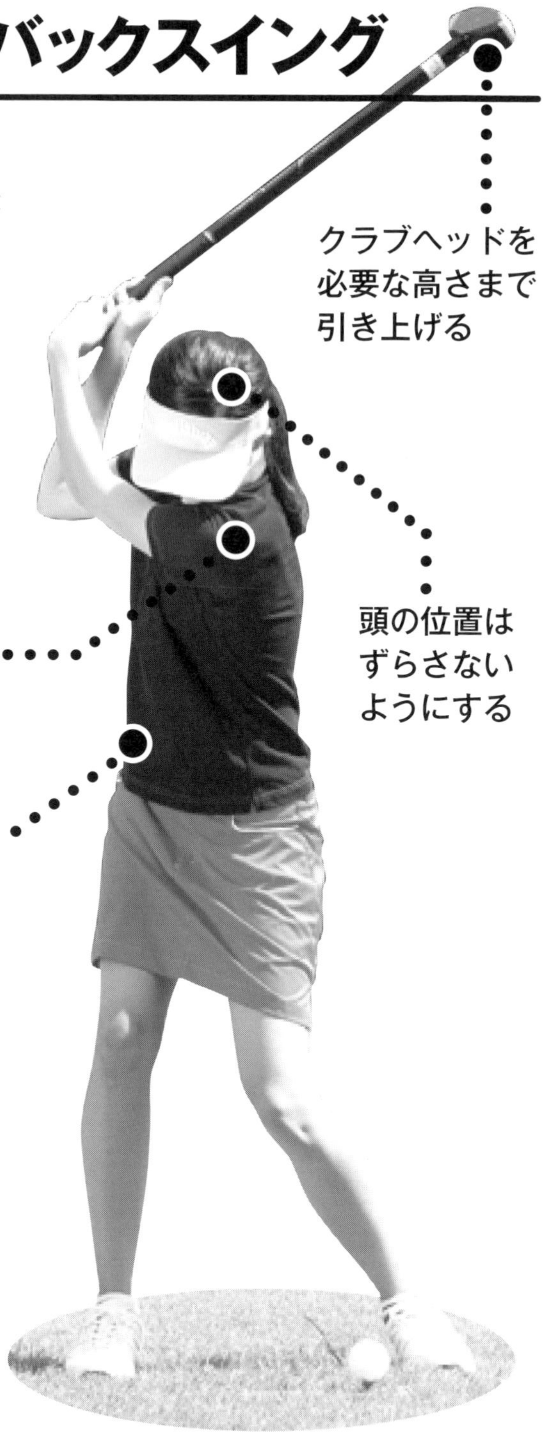
クラブヘッドを
必要な高さまで
引き上げる
頭の位置は
ずらさない
ようにする
左肩をしっかり回す
右腰も回す

4 第4段階 ダウンスイング

クラブをアドレスの位置まで戻してくる動作がダウンスイングです。体重を左足に移動させながら肩の回転を誘導させます。クラブヘッドが遅れて戻ってくるような感じです。

1

右腰を後方に回転させながら、クラブを後方に引いていく

2

腰の回転にともなって、クラブが下りてくる

3

クラブヘッドがアドレスの位置まで戻ってくる。クラブフェースがボールに対してスクエアになるように注意しながら戻していく

5 第5段階 インパクト

クラブフェースがボールをとらえる動作がインパクトです。インパクトの瞬間はグリップを締め、しっかりボールを見るようにします。膝も軽く曲げた状態をキープします。

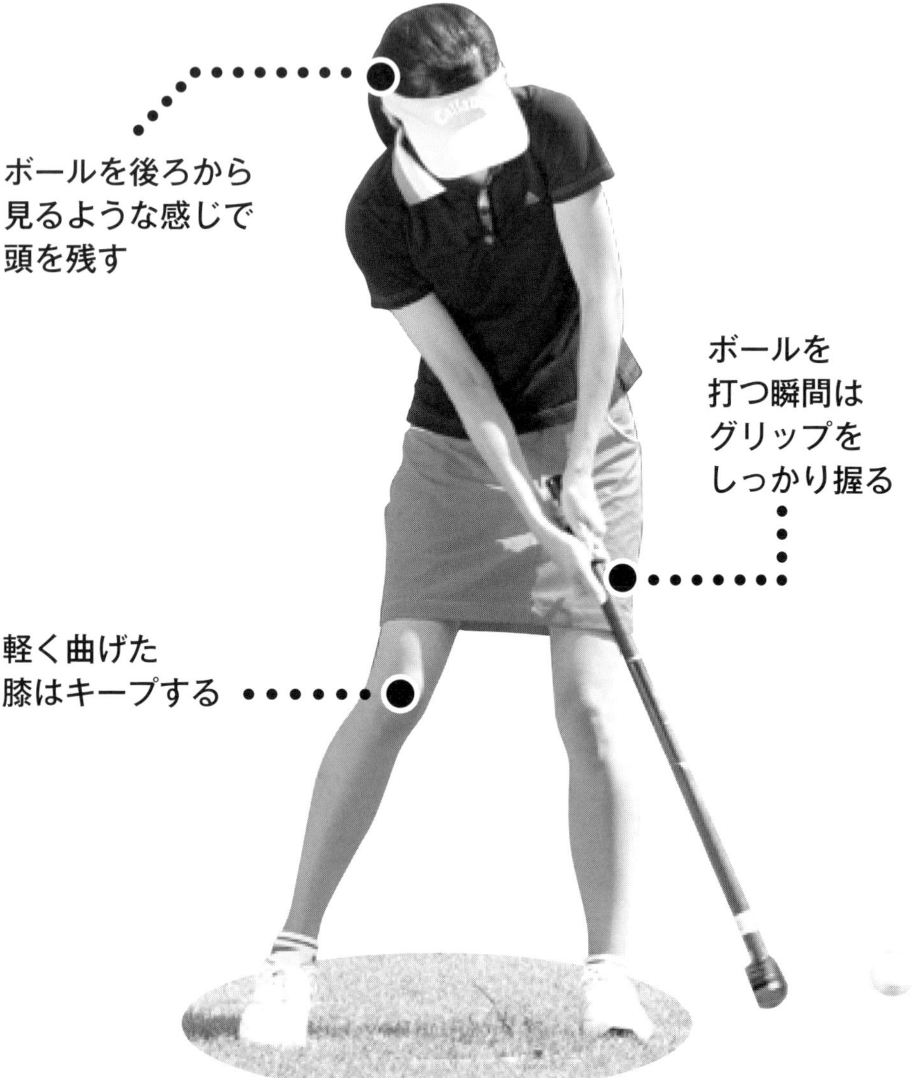
ボールを後ろから
見るような感じで
頭を残す
ボールを
打つ瞬間は
グリップを
しっかり握る
軽く曲げた
膝はキープする

6 第6段階 フォロースルー

ボールを打ったあとの動作がフォロースルーです。ボールをしっかりとらえたあと、大きく振り出します。体重は左足に移っています。

1 インパクト後、大きく振り出していく

2 腰を回転させながら、お腹がボールの飛球線を向くくらいまで体重移動する

7 パッティング
――グラウンド・ゴルフでもっとも重要なショット

パッティングは、ホールポストに「トマリ」させるショットです。グラウンド・ゴルフではもっとも重要な一打です。手首や腕だけで打つ動作を行うのではなく、体の動きでボールを打つようにします。腕、体、クラブを一体化させて打つことができるようになると、ボールに与える衝撃が一定化してきて、安定したパッティングができるようになります。

腕、体、クラブを一体化させる。安定したパッティングをするために不可欠なこと

1 構え方

パッティングの構えは、両足を肩幅よりやや狭い幅に広げ、両腕をやや伸ばしながら体の両サイドにつけ、固定状態にします。そして、手首や腕だけでボールを打つのではなく体の動きでボールを打つようにします。

このようにすることによって、腕と体、クラブが一体化でき、安定したパッティングをすることができます。

両腕を伸ばして
体の両サイド
につける

標準のスタンスより
やや狭い足幅にする

2 正確に行うために（4ステップ）

正確で安定したパッティングをするための動きをマスターしましょう。パッティングは短い距離のショットだけに、確実に決めたいところです。この４ステップを心がけることで、正確でミスの少ないパッティングができるようになります。

正確なパッティングのための4ステップ

STEP 1　ラインと距離を確認し、クラブヘッドをセットする

ボールとホールポストのラインと距離を確認し、パッティングのイメージができたら、クラブヘッドがボールに触れないようにソールの中心をボールにそろえてセット。それと同時にボールが両足のカカトの中心にくるように、つま先を自然に開いて両足の位置を決める。

STEP 2　肩幅よりやや狭い足幅に開く

クラブがセットできたら、右足を右方向へ肩幅よりやや狭い程度に開く。再度、ボールとホールポストのラインと距離を確認し、ヘッドのテークバックの幅、インパクトの強さをイメージする。

STEP 3　クラブをゆっくり引く

クラブをホールポストとの残り距離に合わせてゆっくりと引く。その際、視線はクラブヘッドの動きを追うように移動させる。そのことで、体も少し動くことになる。

STEP 4　腕、体、クラブを一体化させてインパクト

クラブをボールの方向へ、腕と体、クラブを一体化させたイメージで移動させる。その際、視線もクラブヘッドを追うように移す。

STEP 1

そろえたカカトの中心にボールがくるようにセットする

STEP 2

右足を広げる。幅は肩幅よりやや狭い程度にする

STEP 3

地面や芝と平行にゆっくりテークバック。視線はクラブヘッドの動きを追うようにする

STEP 4

テークバックしたラインをそのまま戻すようにクラブを移動させ、突き出すようにする

OK!

安定するボールの位置

ボールの位置は、左カカトの延長線上。クラブヘッドが平行移動できるので、安定した正確なパッティングができます。

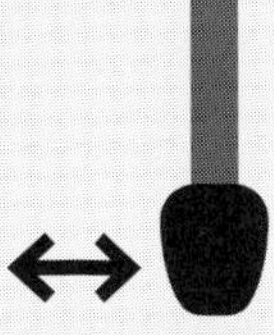

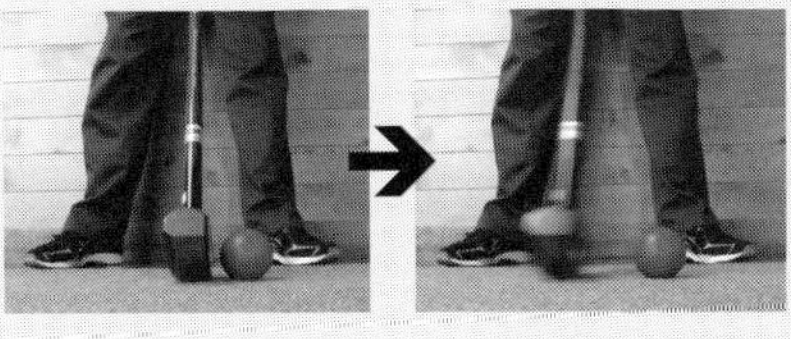

NG!

不安定なボールの位置

ボールの位置が脚の真ん中にくると、腕や手首だけで打つことになり、ヘッドが円を描くように動き、方向にばらつきが出ます。

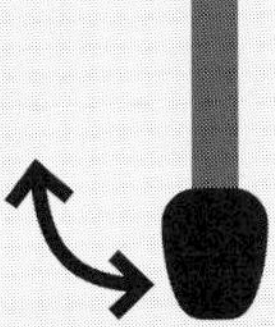

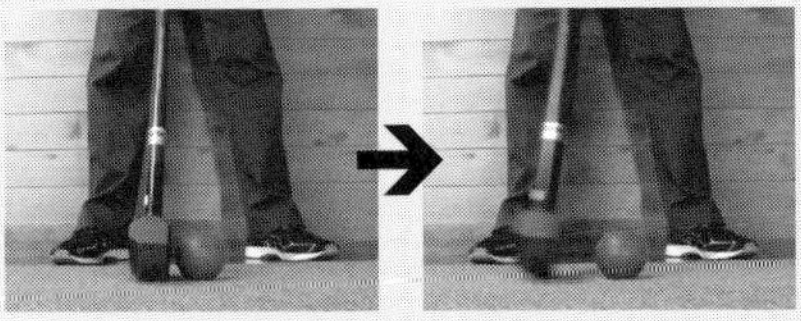

3 クラブヘッドの正しい動き

クラブヘッドは、地面に水平に平行移動し突き出す感じで動かします。腕や手首で弧を描くようにインパクトすると、クラブのフェース面が地面の方向を向いたり、ボールとフェース面が斜めに当たったりして、狙った方向へ正確にパッティングできないというトラブルが多くなります。

クラブヘッドを足の幅くらい地面にはわせるように低く引いて、地面とギリギリで水平に平行移動させてインパクトすると、狙った方向へ正しく打つことができます。

クラブヘッドを地面にはわせるように低く引いて、地面とギリギリで水平に平行移動させてインパクトする

パッティング練習法

クラブヘッドをラインに沿って平行移動する

ヒモなどでラインを設定し、パッティング練習を繰り返し行いましょう。ヘッドの平行移動の仕方、移動の速さ、インパクトの強さを感覚的に身につけることができます。振り子のようにヘッドを動かすと不安定なパットになるので要注意です。

ラインに沿って地面にはわせるように低く引く

ギリギリにクラブヘッドを平行移動させてインパクト

インパクト後も低く平行移動させる

8 基本のショットの打ち方

――最小の打数でホールインする

グラウンド・ゴルフは、ほとんどのホールでホールインワンを狙えます。常にホールポストに１打で入れるという目標を持って、ショットをしていく必要があります。そのためには、正確なスイングで安定したショットができることがポイントになってきます。

第１打	**ホールインワンを常に狙うショット** 方向性が正確で安定したショットを打つ
寄せのショット	**近くに寄せることを優先するショット** 残りの距離を正確に把握して近くに寄せることに集中する
パッティング	**スコアに影響する大切なショット** 狙った方向に正確に打てるようにする

1 第１打目の打ち方

グラウンド・ゴルフはゴルフと違い、ほとんどのコースでホールインワンが狙えます。したがって、ホールポストに１打で入れるという目標を持って、１打目のショットをする必要があります。安定したショットを打てるように、再現性のあるスイングを身につけることが大切になってきます。

ホールインワンを狙って、ホールポストに正確なショットを打つ

2 寄せのショット

第１打でホールインワンを狙うのですが、簡単にはホールインワンとならないのが現実です。そこで大切なことは、１打目でできるだけホールポストの近くにボールを打つことです。

しかし、その日の調子、コースの状況、ミスショットなどで、ホールポストまでの距離がある場合は、次のページに示したポイントに注意してショットします。

寄せることに集中する。入れようと意識しすぎるとオーバーしてしまうことに……

注意点！

1 **残りの距離を正確につかむ。**

2 **残り距離に合わせたショットの強さ（インパクトをどの程度にするか）をつかむ。**

3 **ホールポストに入れようとするのではなく、いかに近くに寄せるかに集中する。**

1打で入れようとすると力が入りすぎてオーバーしてしまうケースが多い。“近くに寄せる”と考えたほうが、ホールポストに入りやすいものだ。

寄せのショットはホールポストに入れようとしない。“近くに寄せる”を優先しよう

3 パッティング

パッティングはスコアに大きい影響がある大切なショットです。パッティングをする際には、どのショットよりも“慎重さ”がキーポイントになります。次のページに示したポイントに注意して、パッティングしてください。

コースの状況を把握することが大切（土、芝、傾斜など）。そして、狙った方向に正確に打つ

注意点！

1 **距離を正確につかむ。**

2 **土、芝の状況を見極める。**

コースの土のきめ細かさや湿り具合でボールの走りが大きく違うので、注意深く見極める。芝のコースでも芝の長さや湿り具合が大きく影響する。

3 **コースの傾斜などコースの特徴をつかむ。**

4 **狙った方向へ正確に打つ。**

その際、ショットの強さも考えなければいけない。

どんなに近いパッティングでも、油断せずに狙った方向に正確に打つことが大事

Summary
まとめ

グラウンド・ゴルフ＆ゴルフ「用具と技術の違い」

	グラウンド・ゴルフ	ゴルフ	技術の違い
クラブ	**木製のクラブ１本**	**ドライバー、 スプーン、 アイアン、 パター等 14本以内使用可**	ゴルフは、距離やコースの状況に応じて適切なクラブを選択できる。グラウンド・ゴルフは、１本のクラブですべてプレーするのでショット、パットの技術に違いがある
ボール	**直径：6㎝ 重さ：75～95g** 樹脂製で硬質、あまり距離が出ないようにできている	**直径：4.267㎝以上 重さ：45.93g以下** ボールの中は、樹脂、ラバーミッド、ゴム、糸等で仕上げられていて、飛距離が出るように工夫されている	ゴルフボールは、飛距離が出るよう、コントロールができるよう、素材に工夫がなされている。グラウンド・ゴルフのボールは、空中を飛ばないよう、ゴルフボールより大きく重くつくられているため、極端な曲線を描いてボールが移動することがない。ゴルフのタッチと技術に大きな違いがある
ホール	直径36㎝の金属製の輪に３本の脚で支えられたホールポスト。中心に筒状の鈴がついている	直径10.8㎝の筒状の穴になっている	グラウンド・ゴルフのホールポストは、ゴルフのように穴が開いていないので、勢いのあるボールはゴルフのようにカップに落ちないで通過してしまう。したがって、寄せの技術が重要となる

第2章

さまざまな状況でのショット

1 距離のあるときの打ち方

——体のバランスを崩さないようにしっかり打つ

グラウンド・ゴルフは、標準コースが示されています。もっとも長いコースで 50 mです。しかし、時にはもう少し長い距離でプレーすることもあります。そのときにしっかり距離を合わせて打つことができれば、無難に最少のスコアで「トマリ」にすることができます。

距離のある場合は、どうしても強くヒットするために、体のバランスを崩しやすくなります。土台となるスタンスをしっかり決め、ボールをよく見て、クラブヘッドの面を正しくつくって、ソールを地面に滑らせるように打ってください。

ボールを左足カカト前より少し内側に入れ、大きめのテークバックをとる

ボールをよく見て、体重を左足に移しながらダウンスイング

頭の位置は動かさずに、インパクトに入っていく。体の軸も崩さないように

体のバランスを崩さないように

距離を出そうとして強くヒットすると、体のバランスを崩しかねません。体のバランスが崩れない、でも力感のある打ち方をすることが大事です。バランスが崩れてしまうと、飛距離は望めません！

インパクトからフォローでは、ボールを後方から見るようにする

体重を左足に移して、距離を出すために大きめのフォローを意識する

大きめのフォローで距離のあるショットが打てる

2 残り距離を正確につかむ

── 練習で距離感をつかむ

グラウンド・ゴルフは、どのショットでもホールインを狙っていきますが、そのためには、どのくらい打てばいいのかの情報を正しく得ることが大事です。残りの距離を正確につかみ、その距離ならどのくらいの強さ、インパクトで打てばいいのかを確定させます。

ただ漠然と打っているだけでは、最少スコアでホールインすることはできません。グラウンド・ゴルフの上達のためには、距離の把握はとても大切です。

ボールとホールポストの距離を正確につかむためには、コースの距離を参考にしたり、ボールの後ろからホールポストの状況をチェックすることも必要

3 「近くに寄せる」を優先するショット

——寄らなければ「トマリ」には近づかない

プレーヤーは、どのショットも1打で「トマリ」になるように、狙って打っていってほしいと思いますが、なかなか思うようにはいきません。1打でホールインしたいと思うあまりに、かえってミスショットをしてしまうなんていうことも起きます。近づけるつもりが、かなりのオーバーというミスも招きます。予定では2打か、多くても3打で上がるつもりが、4打、5打、打ってしまうことも……。

まずは、「近くに寄せる」を優先してください。近くに寄せることで、パットがぐっとやさしくなり、最少スコアでのホールインも近づくのです。

できるだけ「近くに寄せる」を優先しよう。力まずにバランスよく打っていくことが大事

4 距離に合わせたショット（強さ）

―― 距離を“打つ強さ”で合わせる場合

距離を合わせる方法はいくつかあります。前述しましたように、長い距離を打つ場合には、スイングを大きくし、“打つ強さ”も必要です。スイングの大きさとショットの強さの両方で距離を出すわけです。

距離はさほどないけれども、グラウンドの状況によっては（芝が長い、水を含んだ土、草地など）、強いショットで距離を合わせなければならない場合もあります。

クラブフェースの向きを正しくスクエアにして、しっかりヒットしていくことが大切です。

コンパクトなバックスイングで力をためる

左足に体重移動して、力強く振る準備をする

打つ方向に
クラブをキープ

コンパクトなスイングを心がけて、クラブヘッドはスクエアに。飛球方向にクラブをキープし、顔を残すようにすることで、確実なショットが生まれます。

力強いインパクトを迎える。クラブフェースはスクエアをキープする

小さめなフォローで、止めるように終了

5 距離に合わせたショット（インパクト）

―― 距離を“インパクト”で合わせる場合

距離をインパクトで合わせる技術を身につけていると、調子のいいときと悪いときの波を少なくすることができます。

この技術は、ボールの転び距離をコントロールできるショットで、インパクトの強さとフォロースルーを小さめにすることで打つことができます。ポイントは、フォローしたときにクラブと左腕が直線的になるようキープすること。その際､手首が折れてクラブヘッドが前に出てくると､打ったボールに勢いがつくので不安定なショットになります。

人によって、振り幅とインパクトの強さと転び距離は違ってきますので、微妙な感覚を身につけましょう。グラウンド・ゴルフの中でも高度な技術のひとつですから、繰り返し練習してください。

コンパクトなテークバックをとる

クラブヘッドをスクエアにキープしてインパクトに向かう

小さめな フォローをキープ

インパクトに力を集中させるために、フォローは小さめでOKです。小さくキープすることで確実なショットが生まれます。

インパクトで力を集中させる

コンパクトなフォロースルーを

6 ラフショット
——「脱出」に気持ちを集中する

ラフショットとは、草の刈られていない場所や草の深い場所にボールが入ってしまった場合のショットのことをいいます。この場から脱出するためのショットのポイントとしては、まず草の深い場所からボールを出すことに集中します。

クラブヘッドを上げるようなイメージの普段のショットより、ややボールの下方に向かって強く打ち下ろす感じで打ちます。

「脱出」の１点に気持ちを集中させる

強く打ち下ろすイメージでしっかりテークバック

飛ばすより「脱出」を優先する

距離を出そうとすると、ボールとのコンタクトがうまくいかず、脱出もままならなくなります。まずは、この窮地からの脱出を考えましょう。クラブヘッドを強く打ち下ろし、ボールの下方にクラブヘッドをコンタクトさせることによって、ボールを浮き上がらせて脱出成功です！

ボールの下方に向かってクラブヘッドを打ち下ろす感じにする

強めにインパクトする

7 強風時のショット
―― 強い風への配慮を怠りなく

グラウンド・ゴルフのボールは約 90 g の重さがあるので、よほどの強い風でないかぎり自然に動き出すことはありません。しかし、強風の場合、追い風（打つ方向へ後方から強い風が吹いていく）であれば思ったよりボールが転んでしまったり、向かい風（打つ方向から強い風が来ている）であればショートとしてしまったりするのです。

向かい風の場合は、普段より強くショットする必要があります。逆に追い風の場合は、普段より弱くショットしなければなりません。どの程度強く打つか、また弱く打つかは、その時々の風の強さで判断する必要があります。また、横からの強風についても同じことがいえますので、いろいろ配慮して打ってください。

強い向かい風のときは
やや強めに打つ
強い追い風のとき
は弱めに

風に対する配慮は必要だが、極端な打ち方はしないこと

8 雨の中のショット

——普段と同じようにプレーできるかがカギ

屋外で行うスポーツでは、雨は避けられないことであり、その状況に応じたプレーを心がけなければなりません。

注意しなければならないのは、近年の気象異常で起こる雷、竜巻警報です。台風は事前に情報が得やすいですが、雷や竜巻は情報が得にくく、いつ起こるのか判断するのが難しいです。したがって、気象情報で雷、竜巻の２つの警報が出ている場合は、外でのプレーは避けたほうがいいでしょう。

雨の中のショットの場合ですが、雨でボール、クラブ、ウエア、シューズなど、すべての物がぬれてきますから、これらに対応することから始めます。家を出る前に気象情報を確認し、どの程度の雨なのかの情報をつかむことからプレーが始まっているといってもいいでしょう。

雨を防ぐ服装と着替え、用具を拭くタオルなど、雨の場合の必需品を普段からそろえておいて、会場に行ってから困ることのないようにしておきましょう。

また、コースの芝や土、草がぬれてくることで、ショットしたボールが走りにくくなります。その場合は、できるだけクラブのグリップが濡れないようにして、いつもより強く打つよう心がけます。その際、全身に力が入りすぎないようにし、正確なショットができるようにしましょう。

雨の中でも普段と同じようにプレーできるかが、雨に勝つための重要ポイントといえます。

Summary
まとめ

状況に対応した技術をマスターしよう！

グラウンド・ゴルフは、当初から学校のグラウンドでも楽しめるスポーツとして考案されたものです。ゴルフのように専用コースがなければプレーできないスポーツではないので、意図的に樹木やバンカー、極端な起伏、池などプレーの障害となる難易度の高いコースづくりがされているわけではありません。

しかし、グラウンド・ゴルフの普及とともに専用コースが全国各地につくられるようになり、その中には、プレーの難易度を高めるために、自然環境を生かしながら、さまざまな障害となる工夫がこらされたコースも多くなりました。

グラウンド・ゴルフは、基本として標準コースが定められていますが、プレーする場所やプレーヤーの人数などによって、コースも自由に設定できるように工夫されています。たとえば、公園や河川敷などでは、難易度を高める自然環境（起伏、砂場、雑草の深いラフや遊具等）がすでに存在しており、さまざまな障害のあるコースで楽しみの幅を広げることができます。

さまざまにコース設定できるのがグラウンド・ゴルフであり、さまざまな自然環境も大いに利用できるのです。そのようなことから、状況に応じたショット、パッティングの技術が必要となっているのです。

第3章

ゲームに強くなろう

1 ショットとパットを使い分ける

——どんな状況でも対応できる技術をマスターしよう

　グラウンド・ゴルフの打ち方には、ショットとパットの２種類がありますが、ゲームに強くなるためには、状況に応じて打ち分ける必要があります。２つの打ち方の違いとポイントをよく理解して、上手に使い分けることができれば、納得のスコアに近づくことができると思います。

1 スタンス（足幅）

　スタンスを決めるときは、ショットの場合は、一般的には肩幅と同じ程度の足幅に開きます。

　パットの場合は、ホールポストとの残り距離によって足幅を決めます。残り距離が長いほどテークバックが大きくなりますから足幅も広くなります。ショットの場合よりは足幅は狭くなります。

ショットの場合

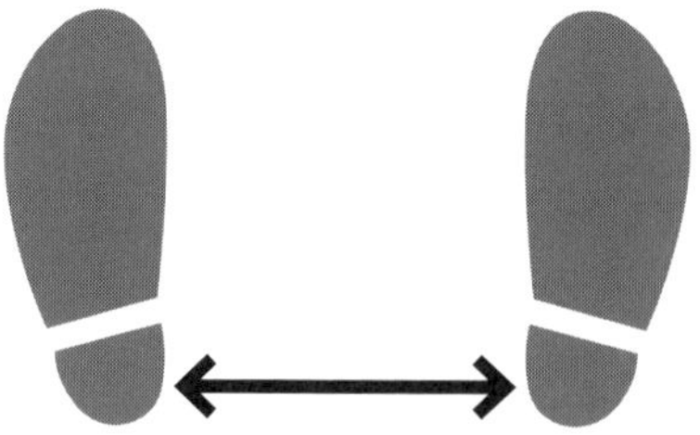

肩幅

パットの場合

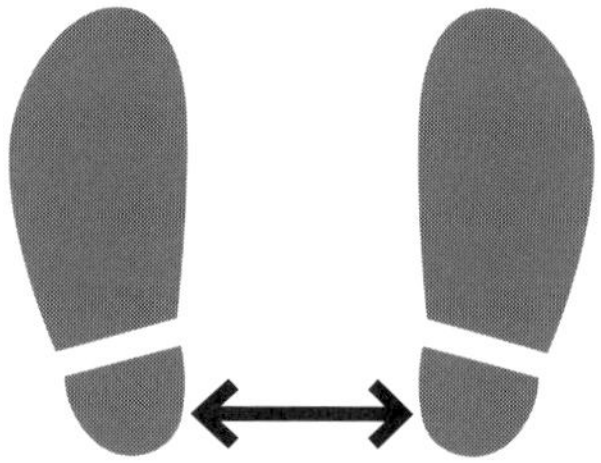

ショットより狭く

2 ボールの位置

ショットの場合のボールの位置は、左足のカカトの延長線上からスタンスの中心までの範囲で、自分に最適な位置を探し出し決めます。

パットの場合のボールの位置は、左足のカカトの延長線上になります。パットは、クラブヘッドが地面をはうように低く引いて、地面とスレスレの高さを水平に平行移動させてインパクトするために、この位置が適切になります。

ショットの場合

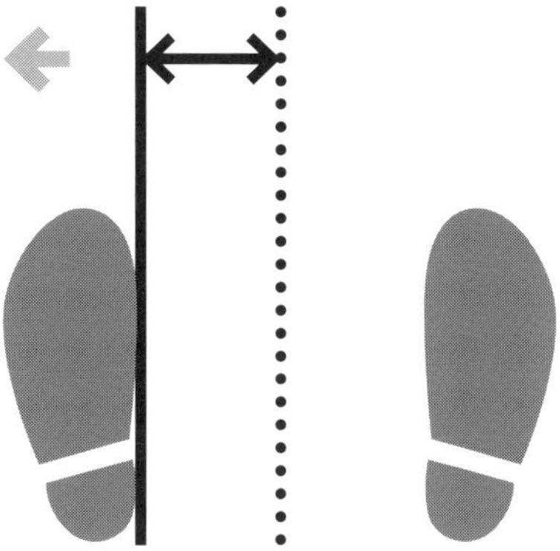

パットの場合

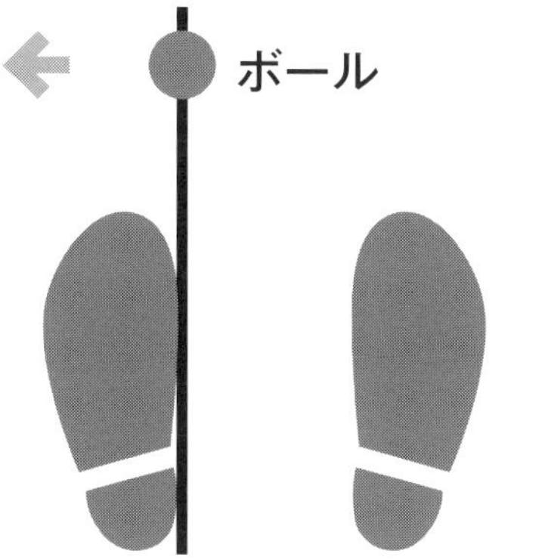

ショットとパットの違いとポイント

	スタンス	ボールの位置	ホールポストまでの距離
ショット	肩幅	左足カカトからスタンス中央の範囲	おおよそ10m以上
パット	肩幅より狭く ※残りの距離によって変動する	左足カカトの延長線上	おおよそ10m以内

2 「ホールポスト」へのアプローチ
── 脚の開いている付近を狙う

グラウンド・ゴルフでは、常にホールポストの方向に正確に打っていくことが大事です。ここでも、ショットとパットでは打ち方、考え方が違ってきます。

ショットの場合は、「トマリ」を直接狙うのではなく、ホールポストの方向に正確にショットすることです。そして距離感を大切にすることも心がけてください。この２点に注意してショットすれば、ホールインワン「トマリ」の確率も高くなります。その際、クラブヘッドとボールが直角に当たることが重要になりますので、その点も忘れずに。

パットの場合は、「トマリ」を直接狙います。その際、ホールポストの中心にある鈴を狙って突き出すように打ちます。また、ホールポストを支えている３本の脚を利用して「トマリ」を狙うのも大切なポイントになります。

1 “3本脚”にボールを近づけない

ゴルフは、ホールに近づけば近づくほどホールインが確実になりますが、グラウンド・ゴルフの場合は、ホールポストの“３本脚”が大きな障害物になります。ボールをホールポストに近づけたいけれども、“３本脚”の真後ろは避けなければなりません。

脚の位置を把握して、脚の開いている位置を狙ってください。

ホールポストに近づいても、脚の後ろでは次のパットが打ちにくい

脚に近づいた場合の打ち方

1

脚の右端を狙う

2

パットをやわらかく行う

3

ボールが直進し脚に当たって「トマリ」

4

脚、鈴を利用せずに「トマリ」成功！

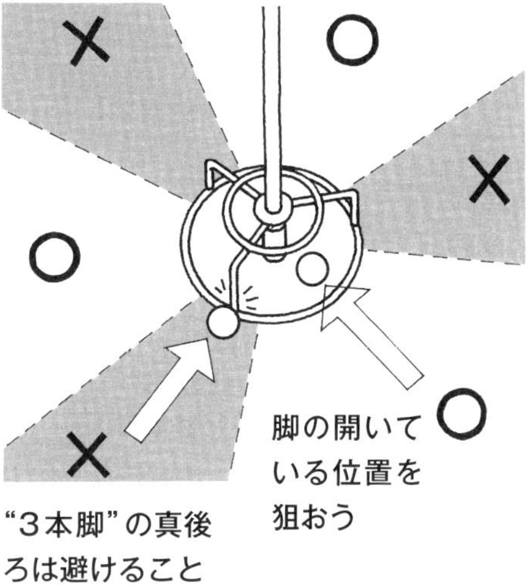
×
○
×
○
○
×
脚の開いている位置を狙おう
“3本脚”の真後ろは避けること

注意点！

1 近づいてもやさしくない

脚に近づきすぎると繊細なショットを打たなければなりません。「こんなに近いのに？」ということになってしまうので、どこを狙って寄せればいいのか、パットする方向と距離を正確につかみましょう。

2 「トマリ」の狙い方

グラウンド・ゴルフでは、「トマリ」させるパットがもっとも重要です。このパットは技術も大切ですが、精神力、集中力、練習で培った鋭いカンなどが欠かせません。

基本的には３～５ｍほどの短い距離のパットですので、どこでも練習ができます。家の庭や廊下、広場などでちょっと練習を繰り返して、自分に合ったフォームを見つけ、距離感も養ってください。

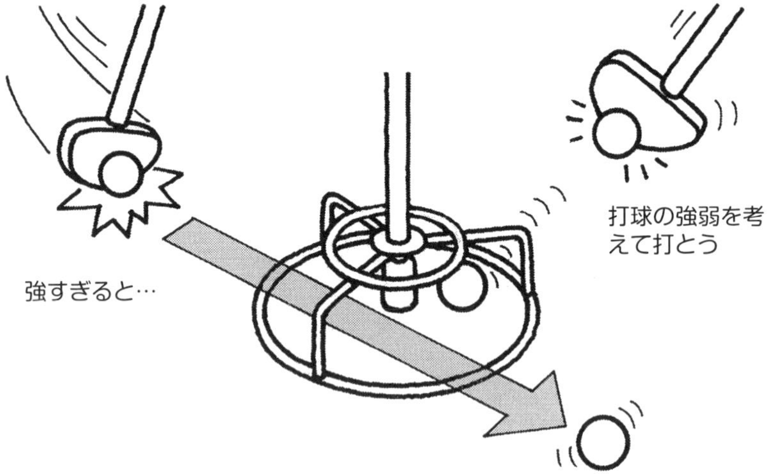

静かに打って「トマリ」させる

ホールポスト近くにボールを寄せたら、輪の中でボールを自然に静止させるように打つ。打球が強すぎると通り抜けてしまうので、やや弱めのほうがいい。力加減に注意！

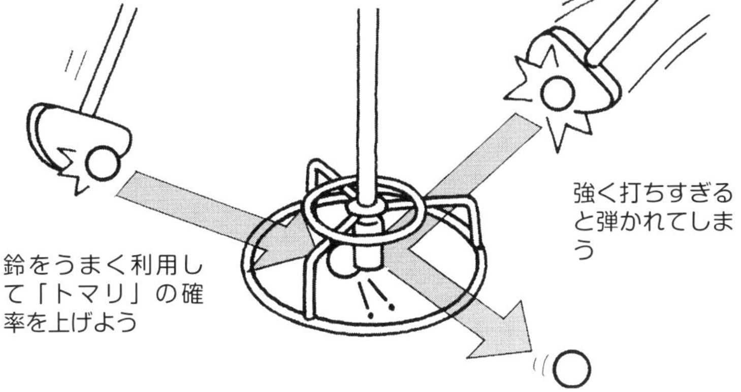
強く打ちすぎると弾かれてしまう
鈴をうまく利用して「トマリ」の確率を上げよう

鈴を利用して「トマリ」させる

脚が開いている位置にボールがある場合は、鈴にボールを当てて静止させると「トマリ」の確率が高くなる。打球が強すぎるとサイドに弾かれることがある。これも力加減に注意！

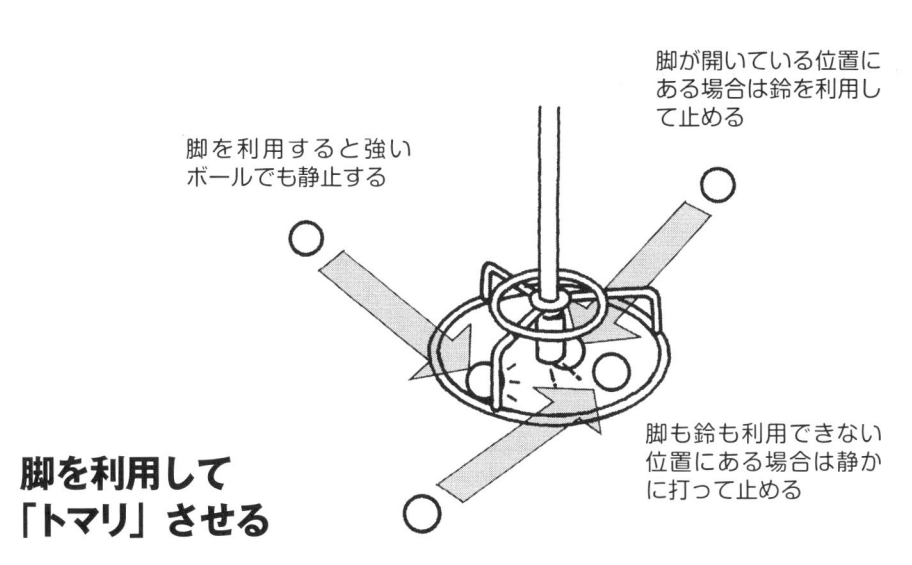

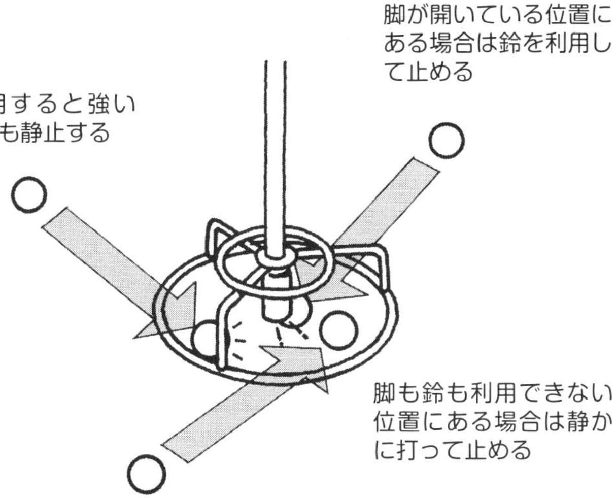
脚が開いている位置にある場合は鈴を利用して止める
脚を利用すると強いボールでも静止する
脚も鈴も利用できない位置にある場合は静かに打って止める

脚を利用して「トマリ」させる

３本の脚は障害物になるが、利用の仕方によっては大変役立つ。脚の内側をめがけて打つと、やや強めの打球でも静止する

3 さまざまなコースの練習をする

── 実際のコースを想定してレベルアップ！

グラウンド・ゴルフのコースは、専用コース以外にも、公園、学校の運動場、野球場、テニスコートなどを活用して設定されます。したがって、場所の広さ、傾斜、障害物もいろいろです。障害物がなく、平らで、まっすぐにホールポストを狙えないケースも多いと考えてください。

いろいろなコースを想定して、考えながら練習すれば、確実にレベルアップします。どんなコースに行っても対応力が身についているので、どんな局面でも自信を持って対処し、安定したショットが打てるはずです。

左上がりの傾斜地で、少し荒れているところからでも、あわてることなく処理することが大事

校庭
公園
河川敷
庭

1 障害物となる木がある場合

ホールポストの前に障害物がある

　この場合は、安全策でいくか、ギリギリ狙っていくかの２つの方法が考えられます。

1 安全を考えて木の左右を狙う方法。
2 できるだけホールポストに近づけるよう、木ギリギリを狙う方法。

　この場合、木の右側を狙います。

1 安全にいく

木に当てない安全ルートを考える。木の右側、左側どちらからでもＯＫ。打ちやすい側を狙っていく

2 木ギリギリを狙う

ギリギリの飛球ライン
を描いて、クラブを
セットする

「当たるかな？」なん
て心配せずに、勇気を
持って打っていく

2 スタート近くに木がある場合

スタートマットの近くに障害物がある

　まず、木の左側、右側のどちらを狙えば、ホールポストに安全に近づけられるかを考えます。この場合、木の左側を狙ったほうが確実だと判断できます。

　1打でも少ないほうがと考えて、最短距離でホールポスト方向を狙うと、思わぬ大ケガになることもあります。「急がば回れ」の精神も大事にしてください。

木の左側を狙う方向がベストルート！

木の左側を狙う

この場合は、木の左側から狙っていくのが安全策で成功法。左側にライン取りをして、その方向にクラブをしっかり振っていく

3 下り傾斜の場合

ホールポストの方向へ下っている

下り坂の場合は、やや弱めに打ちます。傾斜の程度をよく見て、力加減を判断することが大切です。

左足に体重をかけ下半身を安定させ、上半身はリラックス。力まないようにしてゆっくり打ちます。

体重のかけ方	左足にかける
スタンス	やや広め

傾斜に逆らわないようにして、左足に体重をかける。下半身をどっしりさせてやや弱めに打つ

下半身を安定させてやや弱めに

左足体重にして、下半身はどっしりさせる。
傾斜の具合で力加減を判断して打っていく

4 上り傾斜の場合

ホールポストの方向へ上っている

上り坂の場合は、やや強めに打ちます。傾斜の程度をよく見て、力加減を判断することが大切です。

右足に体重をかけて下半身を安定させ、上半身はリラックスさせます。力まないようにして打ちます。

体重のかけ方	右足にかける
スタンス	やや広め

傾斜に逆らわないようにして、右足に体重をかける。下半身をどっしりさせてやや強めに打つ

右足体重にして
やや強めに

テークバックを大きめにして、上りの分、強めにヒットする。下半身はどっしり安定させることが大事

5 右側に傾斜、下っている場合

ホールポストの方向へ右傾斜で下っている

右傾斜で下っている場合は、ホールポストを直接狙わずに、やや左側に打ちます。まず、目標となる位置（仮想のホールポスト）をイメージしながら、打つラインを決めます。スタンスを取り、そのラインに従って打ちます。

ボールはカーブを描きながら、ホールポストに近づいていきますが、その際、考えなければならないのは、ボールを打つ強さです。強さによってカーブの描き方も違ってきますから、力加減を考えることも大切です。

体重のかけ方	**左足にかける**
スタンス	**やや広め**

ホールポストを直接狙わずに、やや左側を狙う。カーブしていくボールのラインをイメージしてスタンスを取ることが大事

ホールポスト
やや左側を狙う

やや左側を狙って打つ。どのくらいカーブするか、どのくらいの下りなのかを判断することがポイントになる

6 左側に傾斜、下っている場合

ホールポストの方向へ左傾斜で下っている

左傾斜で下っている場合も、ホールポストを直接狙わずに、やや右側に打ちます。この場合も、目標となる位置（仮想のホールポスト）をイメージしながら、打つラインを決めます。スタンスを取り、そのラインに従って打ちます。

ボールはカーブを描きながら、ホールポストに近づいていきますが、この場合も、ボールを打つ強さを考えます。力加減によってカーブの描き方は違ってきますから、よく考えることが大切です。

体重のかけ方	**右足にかける**
スタンス	**やや広め**

ホールポストを直接狙わずに、やや右側を狙う。カーブしていくボールのラインをイメージしてスタンスを取ることが大事

ホールポスト
やや右側を狙う

やや右側を狙って打つ。どのくらいカーブするか、どのくらいの下りなのかを判断することがポイントになる

7 左側に傾斜、上っている場合

ホールポストの方向へ左傾斜で上っている

左傾斜で上っている場合は、ホールポストを直接狙わずに、やや右側に打ちます。この場合も､目標となる位置（仮想のホールポスト）をイメージしながら、打つラインを決めます。スタンスを取り、そのラインに従って打ちます。

ボールはカーブを描きながら、ホールポストに近づいていきますが、この場合も、ボールを打つ強さを考えます。力加減によってカーブの描き方は違ってきますから、よく考えることが大切です。

体重のかけ方	右足にかける
スタンス	やや狭め

ホールポストを直接狙わずに、やや右側を狙う。カーブしていくボールのラインをイメージしてスタンスを取ることが大事

ホールポストやや右側を強めに狙う

やや右側を狙って打つ。どのくらいカーブするか、どのくらいの上りなのかを判断し、強めに打つ

8 右側に傾斜、上っている場合

ホールポストの方向へ右傾斜で上っている

右傾斜で上っている場合は、ホールポストを直接狙わずに、やや左側に打ちます。この場合も、目標となる位置（仮想のホールポスト）をイメージしながら、打つラインを決めます。スタンスを取り、そのラインに従って打ちます。

ボールはカーブを描きながら、ホールポストに近づいていきますが、この場合も、ボールを打つ強さを考えます。力加減によってカーブの描き方は違ってきますから、よく考えることが大切です。

体重のかけ方	**つま先と右足にかける**
スタンス	**やや狭め**

ホールポストを直接狙わずに、やや左側を狙う。カーブしていくボールのラインをイメージしてスタンスを取ることが大事

ホールポストやや左側を強めに狙う

やや左側を狙って打つ。どのくらいカーブするか、どのくらいの上りなのかを判断し、強めに打つ

9 複数の障害物がある場合

ホールポストの前に複数の障害物がある

ホールポストの前に複数の木がある場合は、可能なかぎり打ちやすいスタンスを取り、木の間を通すよう打つことです。何本かの木が行く手を遮っているわけですから、正確なショットが求められます。

どの木の間を通すのかラインを慎重にチェックして、距離よりも正確さを優先するショットを打ちます。場合によっては直接ホールポストを狙えないこともあるかもしれませんが、木の間から脱出することが第一と考えましょう。

体重のかけ方	打ちやすさを優先
スタンス	やや狭め

できるかぎり打ちやすいスタンスを取り、打つ方向をしっかり決めて、正確にショットする

正確なショットを打つ

どのラインなら確実にショットできるかをチェックする。打ちやすいスタンスで正確に打っていくことが大切

10 浅い砂地のボールの場合

浅い砂地にボールが入った

　浅い砂地のボールの場合は、ホールポストとの距離を考えながら、やや強めに打ちます。スイングは普通のショットと同じようにし、砂に負けないように、しっかり振り抜くように打ちます。

　砂が浅い場合は、それほど砂の抵抗がありませんから、普段どおり、やや強めの意識で打っていけばＯＫです。

体重のかけ方	両足にバランスよく
スタンス	やや広め

スイングは普通のショットと同じ。ただし砂の抵抗が少しあるので強めにヒットすること

やや強めに打つ

体重は両足にバランスよくかけ、どっしり構える。テークバックで右足に体重をかけ、フォローで左足に移動。どっしりした下半身がポイント

11 深い砂地のボールの場合

深い砂地にボールが入った

深い砂地のボールの場合は、まず砂地からボールを出すことが先決です。

打ち方は、砂地にクラブヘッドを強くたたき込むように打ち込みます。砂と一緒に打ち出す感じにするといいでしょう。強さはホールポストとの距離によって判断します。

体重のかけ方	**両足にバランスよく**
スタンス	**やや広め**

クラブヘッドを砂地にたたき込むようにする。砂もボールと一緒に舞い上がって、脱出がはかれる

クラブヘッドを打ち込む

クラブをしっかり握って、クラブヘッドを砂にたたき込むようにする。砂も一緒に弾き飛ばされ、ボールが飛び出す

4 いろいろなコースの攻め方
―― 欲張らず正確に攻める

グラウンド・ゴルフは、専用コースから他の競技のスペースを特設コースにつくり上げるものなど、いろいろなコースでプレーしなければなりません。いつも同じように打っているだけでは、スコアは縮まりません。

それぞれのコースを、距離を欲張らず、ホールポストに近づけることを優先して確実に攻めていくことが、必勝のカギです。

ホールポストに近づけることを優先しよう。距離を欲張らずに、確実に攻めることが大事

1 ストレートなコース ▶ 欲張らず正確にショットする
2 短いコース ▶ ホールインワン「トマリ」をめざす
3 長いコース ▶ ホールポストのラインに正確にのせる

1 ストレートなコースでは

欲張らず正確にショットする

グラウンド･ゴルフは、基本的には、狙った方向に正確に打つ技術、ホールポストに近づいてから、うまくホールインさせる技術、この２つをマスターすることが、スコアをよくする方法です。

ストレートなコースではホールポストの位置もよく見えているために、近づけたい、うまくいけば「ホールイン」も狙いたいなんて欲張りすぎると、上半身に力が入って、ミスショットをしてしまうものです。

欲張らず、正確に打つ ── 。このことを忘れずに。

クラブヘッドを飛球方向に振り出すことで、正確性が高まる

2 短いコースでは

「トマリ」をめざす

短いコースでは、ホールイン「トマリ」を狙っていきましょう。ホールポストの方向にクラブヘッドをスクエアに合わせ、正確にヒットします。

もし、ホールインしなくても次のショットで確実に「トマリ」になるように、距離感を大事にしながら、冷静に攻めていくことが大事です。

ホールポストまでの距離を目測したり、地面の状況をチェックしたりして、「トマリ」をめざそう

3 長いコースでは

ホールポストのラインにのせる

長いコースでは、できるだけホールポストに近づけ、次のショットでホールインすることを考えます。そのためには、ホールポストのラインにのせること。

ホールポストのラインにのせることができれば、寄せのショットのライン、パッティングのラインもやさしくなります。

長いコースでは、距離をかせごうとして上半身に力が入ってしまいます。思ったよりも飛距離が出ず、なかなかホールポストに近づけないなんていうこともあります。ラインにのせる、力まずに打つことに注意して、確実に攻めていきましょう。

力まずに打ち出す。ホールポストのラインにのせるための、方向性重視の打ち方をマスターしよう

Summary
まとめ

まずは、２打で「トマリ」をめざそう

グラウンド・ゴルフのコースは、フラットなコースばかりとは限らず、さまざまな場所でコース設定ができます。若干の起伏があったり、上り坂や下り坂があったり、砂場や樹木、雑草のラフ、時には池がある場合もあります。

このようなコースでも、２打で「トマリ」をめざす技術を身につけてほしいものです。コースの状況をよく読み、第１打をどの方向へどれくらいのインパクトでショットするかの判断が強く求められます。

そのためには、なんといっても経験が大切です。普段から仲間と楽しむときでも、一人ででも、あえていろいろなコース設定をし、練習しておきましょう。上達へのもっとも早い方法です。

次に、第２打目となるパッティングですが、これは簡単そうに見えますが、なかなか難しい技術です。強すぎてもオーバーしてしまうし、弱すぎてもショートしてしまう、微妙な力加減が必要となります。

有力な方法は、①ホールポストの直径 36㎝のサークル内で静止させることを意識して打つこと、②ホールポストの中心についている鈴を利用してさらに静止を正確なものとすること、③鈴が直接狙えない場合は、ホールポストを支えている３本の脚を使って静止させることです。

２打で「トマリ」をめざしてプレーしていけば、その中にホールインワン「トマリ」が必ず出てくるのです。

第4章

うまくなるための練習法

1 屋外での練習法
――「寄せる力」がうまくなるポイント

グラウンド・ゴルフは、始めたその日からプレーを楽しめます。また、その日の調子によってはホールインワンやときには優勝までしてしまうこともあって、具体的な練習方法の提案が行われていませんでした。必要性を感じなかったのでしょう。

ところが、グラウンド・ゴルフの愛好者の数が年々増加し、技術上達のための練習方法を望む声が多くなってきました。その要望にお応えするために、効果的で手軽にできる練習方法を紹介します。

グラウンド・ゴルフは偶然性の高いスポーツといえますが、日々練習しているプレーヤーは、ホールポストにボールを寄せる能力が高いことは明らかです。したがって、ホールインワンの確率も高いでしょうし、安定したよいスコアでプレーもできます。

グラウンド・ゴルフを“楽しむ”という段階から、“技術の上達”という質の高さを目指す段階に押し上げることはとても大切なことです。このようなことから技術練習の必要性は明らかです。

練習することで、ホールポストに寄せる能力が高まる。安定したスコアでプレーするためにも練習を繰り返そう

1 練習用のグッズ

身近なグッズを活用する

正確なボールが打てるようにするためには、繰り返し練習をするのは当然ですが、その練習をより効果的なものにするには、身近なグッズを使いましょう。正しい距離を測るためのメジャー、その距離の途中にセットするコーンなどは、正確な距離感、まっすぐなラインのイメージを体得するためには、とても有効なグッズです。

「20メートルまっすぐに打つ」「5メートル先のコーンで止める」といった距離、ラインの目安を設定し、グッズを大いに活用して練習してください。

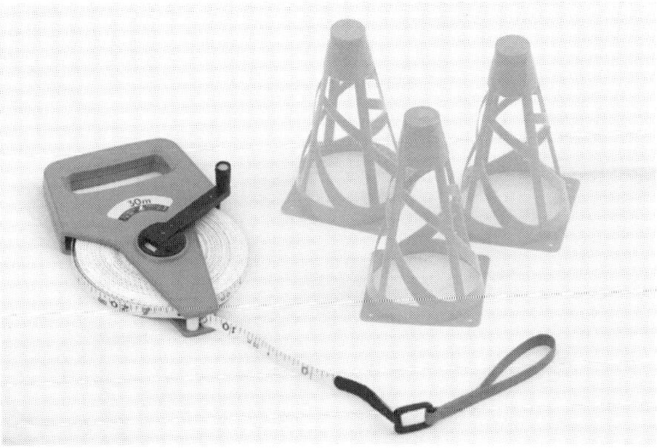

練習に役立つメジャーとコーン。量販店などで購入することができる

ラインどおりに打つのと、ただ漫然と打っているのとでは違う。グッズを使って、距離感、まっすぐに打てる技術を身につけよう

2 ライン練習

狙った方向へ正確に打つ練習

狙った方向へボールを正しく打つためには、まっすぐ打つことができる、自分に合った安定したスイングを身につけることが不可欠です。

安定したスイングを身につけるための練習法として「ライン練習」をしましょう。コースに、細めのロープか 30 m程度のメジャーを直線に張り、ロープやメジャーに沿ってまっすぐボールが転ぶように、繰り返しショット練習を行います。

この練習で自分に合ったスイングも身につけます。その際のチェックポイントは、①クラブヘッドのフェース面がボールを直角にとらえているか。②スイングの際の腕の動かし方、腰の動かし方は正しいか。この２点がボールをまっすぐに打つための大きなポイントになります。

メジャーを直線に張る。このラインに沿ってまっすぐボールを転がす

ライン練習のPOINT!

ボールをまっすぐに打つためには

POINT 1

クラブヘッドのフェース面がボールを直角にとらえているか。

クラブヘッドのフェース面が直角になっているか チェック！

POINT 2

スイングの際の腕の動かし方、腰の動かし方は正しいか。

バランスのいい腕の動かし方、腰の動かし方をチェック！

3 距離感をつかむ練習

時計型ショットをマスターする

　バックスイングからフォローの位置を時計の針をイメージしながら行います。グリップの位置を３時→９時、４時→８時、５時→７時と変えながら、ボールを打たないでスイング練習をします。

　グリップの位置の感覚がつかめたら、次に、「ライン練習」と組み合わせて練習してみます。このとき、何時の位置のボールの場合は、どれくらいの距離を転がっていくのか確認します。この練習を繰り返すことによって、ショット時の距離感を自然とつかむことができるようになります。

　グラウンド・ゴルフは、１本のクラブでプレーするので、バックスイングの位置と転がる距離の関係＝距離感をつかむことは、技術向上のためには非常に大切な練習です。

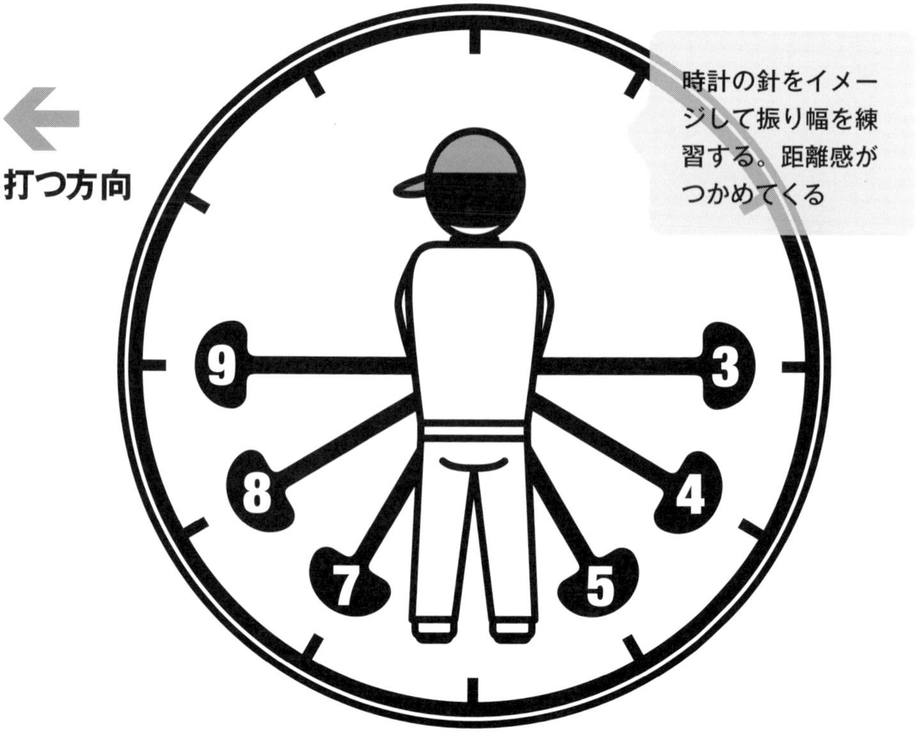
打つ方向
時計の針をイメージして振り幅を練習する。距離感がつかめてくる
9
3
8
4
7
5

1 3時 ▶ 9時

長い距離を転がすときには、3時→9時（真横まで）の振り幅が必要

2 4時 ▶ 8時

4時→8時の振り幅はよく使う。クラブヘッドをまっすぐにしてボールをヒットできるようになると、技術が上達する

3 5時 ▶ 7時

パッティングに使う振り幅。ホールインにかかわるショットの振り幅だ

4 距離を打ち分ける練習

コーンとメジャーを使って技術習得

グラウンド・ゴルフは、第1打目でどれだけホールポストにボールを近づけることができるかが大切なポイントとなります。その技術を身につけるために、距離を打ち分ける練習をしましょう。

コーンと自分の距離を変えながら、コーンめがけてショットを行います。この練習を繰り返し行い、距離を打ち分ける技術をマスターします。また、上りや下り、傾斜地など、実際のゲームに近い練習を行うことも大切です。

メジャーとコーンを使っての距離を打ち分ける練習。コーンを 50m、30m、25m、15m 地点に置いて、距離と打ち方の関係を把握することが大切

5 シャトル練習

仲間と打ち合い練習をする

メジャーを使って50m、30m、25m、15mの距離を測り、その距離を確実に打てる練習をします。２人のプレーヤーが、それぞれの距離で向かい合い、交互にショットを打ちます。同じ距離で５～10打連続して打ち、距離を変えながら打ち分ける練習を行います。

お互いにアドバイスしながら練習すれば、技術の上達につながります。そのためにも、基本的な技術について学習しておくことが大切になってきます。

仲間との打ち合い練習は非常に効果的だ。相手のショットを見ながら、お互いにアドバイスすることは、上達につながる

6 パッティング練習

簡単そうに見えて難しいパッティング技術！

グラウンド・ゴルフでスコアをよくする重要なポイントは、「寄せる技術」と簡単そうに見えてなかなか手強い「パッティングの技術」です。

技術については第１章の「パッティングの技術」を読んでいただきたいのですが、技術を自分のものにするためには、繰り返しの練習が必要です。短い距離のショットなので誰にでもマスターできるはずなのですが、短いだけにミスが許されないため、難しさが増すのです。

1 ボールに正しくクラブヘッドを当てるようにする。

2 距離感をつかむ。

この２点が重要ポイントです。パッティング練習を繰り返して、パッティングの名人になってください。

簡単そうに見えて難しいのがパッティング。確実にヒットできる技術を磨こう

練習法

ホールポストを使用して距離感を磨く

ホールポストを使用して、ボールとホールポストとの距離感をつかむ練習をします。メジャーを使用しながら、15m、10m、9m、8m（この距離はあくまでも例示です）と1mごとに距離を決めて、ホールポストめがけて練習を繰り返します。

この際、コースの状況を判断して行います。コースは、土のきめ細かさや湿り具合でボールの走りが大きく違うため、注意深く見極めなければなりません。芝のコースでも芝の長さや湿り具合が大きく影響します。常に、実際のコースを想定して練習することが大切です。

メジャーでホールポストまでの距離を測り、その距離を確実に打てるように練習する

2 屋内での練習法

―― コースがなくても練習可能

グラウンド・ゴルフの練習は、グラウンドがなければできないと思っているプレーヤーがいらっしゃるのではないでしょうか。

スイングの練習、パッティングの練習は、５ｍ程の長さがあれば、屋内でも十分にできます。ここに練習法を紹介しますので、いろいろ工夫して、行ってみてください。

毎日、短時間でもクラブに触れていれば、スイングの感触、ボールを打つタッチ、フェース面の具合など、身についていきます。

練習する場所がないと嘆く前に、屋内のスペースを見つけて、練習を開始してください。“うまくなる！”階段を１歩ずつ上がっていけるはずです。

1 スイング練習

クラブのフェース面をチェックする

クラブのフェース面がセンターラインを直角に動いているかをチェックします。

人工芝のマットにセンターラインを引き、センターライン上をまっすぐ直角にクラブフェースが通過することを意識して、スイング練習をします。この練習で、自分に合ったスイングのフォームをつくります。

全力でクラブを振るのではなく、ゆっくりした動きでスイングのフォームをつくっていきます。この際、さまざまな距離をイメージして、構え、スタンス、振り幅なども意識してください。

室内での練習ですから、安全には十分注意しましょう。

クラブフェースをセンターラインに対して直角にする

センターラインの上をなぞるようにテークバックする

クラブフェースが直角になるように戻す

センターラインの上をなぞるようにフォローする。ゆっくりした動きを心がける

2 パッティング練習

微妙なインパクトの強さをマスターする

幅 45㎝、長さ３ｍの人工芝の端にホールポストを置き、距離を変えながらパッティング練習をします。ホールポストめがけて同じ方向から連続して行います。この場合、同じ距離から５～ 10 打連続して打つのがいいでしょう。距離感をつかむ練習として最適です。パッティングしたボールが、ホールポストに入るように打ってみましょう。

理想的なパッティングというのは、ホールポストの鈴に強く当たらない、鈴にギリギリ触れるくらいの位置でボールが静止する、というものです。この微妙な技術を身につけることが、うまくなるグラウンド・ゴルフでは非常に大切な要素です。「寄せる技術」を繰り返しの練習でマスターしましょう。

ボールをまっすぐ、ホールポストめがけて打つ練習。同じ距離から５～ 10 打連続で行うことで、距離感をつかむ練習になる

ボールの位置

パッティングでは、左足カカトの延長線上にボールを置くと、安定した転がりになります。

OK!

左足カカトの延長線上にボールをセットする。この位置だとクラブヘッドが平行移動する

NG!

ボールの位置が両足の真ん中にくると、ヘッドの動きが円を描くようになるため、まっすぐに転がらない可能性が高くなる

Summary
まとめ

屋内練習で基礎技術を向上させよう

ゴルフも屋内練習場で技術練習を繰り返し行い、技術の上達をはかっているように、グラウンド・ゴルフも屋内での練習で技術を上達させることができます。今までこのような発想がないに等しく、あまり行われていませんでした。

安定したスイングフォームやパッティング技術をマスターするには、ゲームを楽しむだけでは限界があります。そこで、この本では、屋内での練習方法について提案いたしました。

人工芝（幅 45㎝、長さ３m 程度）にセンターラインを引き、そのラインを利用してスイングの軌道やクラブフェースの角度などをチェックし、安定したスイングをマスターします。

また、センターライン上にボールを転がしたり、距離を変えてのパッティング練習をしたりします。このような工夫をすれば、自宅でも十分に技術を上達させることができるのです。

また、夏季の炎天下、雨や雪、台風など、屋外でのゲームができないときなども、自宅でこのような練習を楽しみながら行ってください。
屋内練習は、グラウンド・ゴルフのスコアを左右するショットの正しい打ち方や、パッティングの距離感を身につけるのに、非常に有効です。

第5章

技術上達のためのQ＆A

Q インターロッキング・グリップとオーバーラッピング・グリップのどちらがいいのか決めかねています。どちらがいいのか教えてください。

A グリップは、クラブを握りやすければどんな握りでもよいのです。握った感じは人それぞれに違うものですから。ただ一般的に、日本人は手があまり大きくないので、人差し指と小指をからめるインターロッキング・グリップのほうがショットした際にずれることが少なくなるということは言えるでしょう。握りやすいかどうかを判断基準にしてください。

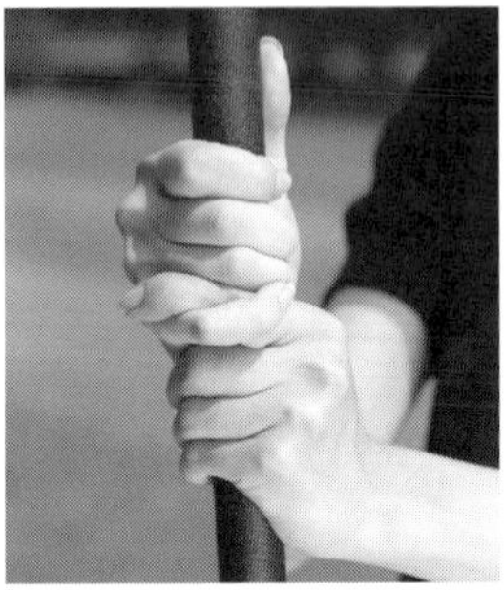
インターロッキング・グリップ

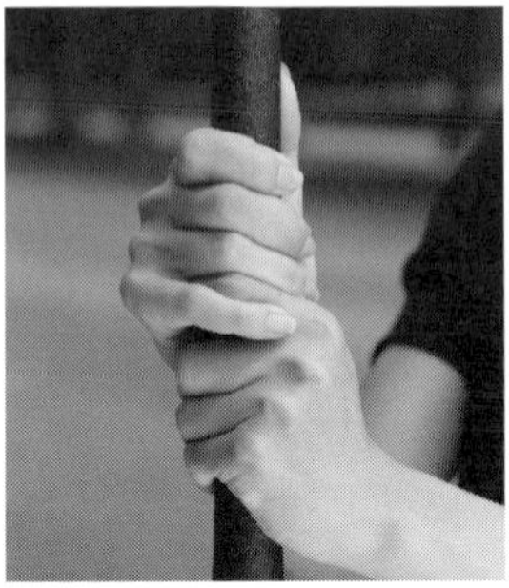
オーバーラッピング・グリップ

Q 力が入ってしまうのか、なかなかまっすぐに打てません。ゆるめに握ったほうがいいのですか。

A はじめから強く握るとフェース面に狂いが出てしまいます。ヒットする瞬間にギュッと握る感じがいいですが、その際、あくまでも握りを絞る感じであり、力んで肩や腕に力を入れすぎてはいけません。自然な動きを大切にすることです。

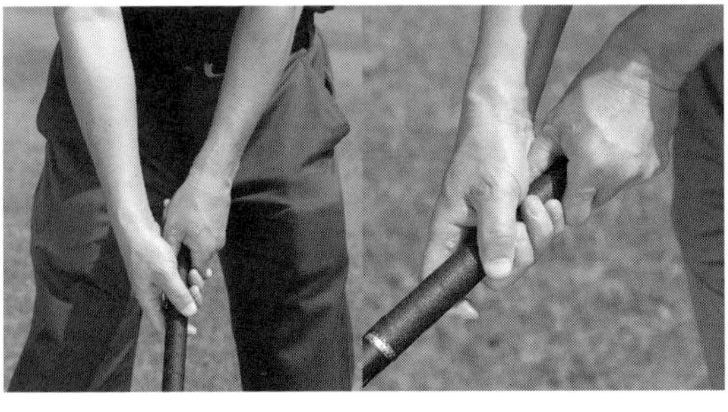
フェース面に狂いが出ないことがポイント。そのためにはヒットする瞬間にギュッと握る感じがいい

Q 長い距離を打つとき、体のバランスが崩れてしまうのですが。

A 長い距離を打つときは、バランスが崩れないように、しっかりした土台をつくらなければいけません。構えのときにスタンスをやや広めにし、両脚に体重を均等にかけ、安定したスイングでショットしてみましょう。

バランスが崩れないしっかりした土台づくりが大切

Q ボールの頭を打ってしまったり、土をたたいてしまったり、なかなかジャストミートできません。ボールを芯でとらえるにはどうすればいいですか。

A インパクトまでボールから目を離さないようにします。ボールのあとから顔がついてくる感じがいいでしょう。基本的には、スイングが安定した軌道を描いていないことが大きな原因です。本書の説明を熟読して、スイングの反復練習をしてください。

インパクトまでボールから目を離さないようにして、ボールのあとから顔がついてくる感じにする

Q ゴルフをやっていたので、スイングが大きくなってしまいます。どうすればコンパクトなスイングにできますか。

A ゴルフのようなスイングだと飛びすぎてしまったり、コントロールがきかなくなったりします。ゴルフとの大きな違いは、クラブが１本であるということです。したがって、クラブの振り幅、インパクトの強さ、フォロースルーの大きさでボールの転び距離をコントロールする技術をマスターしましょう。

ゴルフのようなスイングだと飛びすぎたり、コントロールがきかなくなったりする

大きく振る場合でも、フォロースルーはコンパクトを心がける

Q ティーショットはスタートマットに乗っているのでうまく打てるのですが、荒れている地面になるとミスショットしてしまいます。どうすればうまく打てますか。

A このような場合は、クラブとボールが当たる瞬間、インパクトに精神を集中します。クラブを地面にはわせるようなイメージで、クラブとボールが直角になるようにヒットします。しっかり打つことが大切です。

クラブは地面をはっているようなイメージで、クラブとボールが直角になるように

Q パッティングがとても下手です。弱かったり強かったり……。何に注意して打てば「トマリ」になりやすいですか。

A ホールポストに対してクラブのフェース面をスクエアに合わせ、自分の距離感を信じて打つことです。とくに注意することは、腕や手首だけでパッティングしないことです。体の動き全体で行うように心がけると、パッティングは安定してきます。本書39、109、113ページで詳しく説明していますので参考にしてください。

自分の距離感を信じて、体全体でパッティングする

Q 打つのが難しい場所にボールが行くとがっかりしてしまい、うまく脱出させることができません。どうすればいいですか。

A 草むらに入っても出すことができますので、まず脱出を優先しましょう。本書 58、59、91、92 ページで説明していますが、グラウンド・ゴルフのボールは硬質ですから、クラブを上からボールにたたき込むようにして打てば、必ずうまく出すことができます。あきらめないでトライしてください。

草むらに入っても出すことはできる。脱出を優先！

スイングできないところでもトライしてみよう。クラブヘッドをうまく使って脱出を試みること

Q よく、ホールポストの脚のラインにボールを打って、パッティングが非常に難しくなってしまいます。そうならないための注意点はありますか。

A ホールポストの近くに寄っても、脚がじゃまになってしまう位置は避けなければなりません。脚の位置も考えながら寄せなければならないということなのです。寄せのショットの際は、ホールポスト周辺のコースの状況が、フラットなのか、ややどちらかに傾斜しているのか、凹凸はないかなどを見極めてからパッティングすることがポイントです。

ホールポストの近くに寄っても、脚がじゃまになってしまう位置。寄せる位置も考えなければならない

Q 距離、ラインとも正確に打てないのですが、どうすれば打てるようになりますか。

A 基本的には、スイングに問題があるか、アドレスをした際のボールの位置に問題があります。メジャーを使って、まっすぐなラインを設定し、そのラインに沿って打つ練習をすると効果的です。その際、距離の目印となるコーンやペットボトルを置いて、距離感を身につける練習もしましょう。

メジャーを使って、まっすぐなラインを設定。そのラインに沿って打つ練習をする

スイング練習は、ラインを描いたマットを準備すれば、自宅でも練習ができる

Q ゴルフやテニスでは、「素振りが大切」と言われていますが、グラウンド・ゴルフでも素振りは大切ですか。

A クラブの振り幅と距離の感覚をつかむために、素振りは有効です。力まないでクラブヘッドが正しい軌跡を描くようにスイング練習をしましょう。その際、テークバック、インパクト、フォロースルーなどの位置でクラブを静止させ、軌道の確認やヘッドの方向を確認してみることも大切です。

素振りは、力まないでクラブヘッドが正しい軌跡を描いているかを確認できる

Q 技術が上達するにしたがって、クラブを替えたほうがいいですか。初心者用、上級者用の区別はあるのですか。

A 今は、いろいろなクラブが出回っていて、どれが自分に合っているのか判断しにくいと思います。ただ言えることは、「クラブは振りやすい、打ちやすいが基本」ということです。技術の上達に合わせて、クラブを替える必要はないと思います。

クラブは振りやすい、打ちやすいが基本

Q 競技大会に出場したいと思っています。アドバイスをお願いします。

A グラウンド・ゴルフの大会は全国で行われています。競技会に出場することで技術は向上します。多くの経験を積み上げることが上達につながりますので、積極的に参加してください。

グラウンド・ゴルフの大会は全国で行われている。積極的に参加しよう

Q どのくらいのレベルから競技会に出場できますか。初心者でも出場できますか。

A だれでもがプレーに参加できるのがグラウンド・ゴルフのよさです。参加者は技術を問いませんから、大会にどんどんエントリーしてみましょう。プレーを楽しみながら上達してください。

だれでもがプレーに参加できるグラウンド・ゴルフ。参加者の技術は問われない

Q 私は20代です。周りでグラウンド・ゴルフをやっている人がいないのですが……。まだ体力に自信がある層でも楽しめますか。

A もちろん楽しめます。グラウンド・ゴルフは生涯スポーツです。いつまでも継続できること、年齢に関係なくあらゆる世代の人と一緒にプレーできることが魅力的なのです。体力があるのであれば、どんどん技術を磨いて、大きな大会に出場して、いい成績を出す。こんな目標を持つのもいいのではないでしょうか。

やってみれば、楽しさがどんどんわかってくるはず

Q 上達のためには何が必要ですか。練習ですか、大会に多く出ることですか。

A どちらも大切です。しかし、ボールを狙った方向へ正確に打つ技術、正確な距離を打つ技術、寄せの技術は必須です。これらの技術を身につけるためには、集中した反復練習が必要です。

集中して反復練習することが大事

Q ショットの場合は、ボールをよく見てヒットするのに、パッティングの場合は、なぜクラブヘッドの動きを追うように視線を動かすのですか。

A ショットの場合は、ある程度テークバックを大きくとるので体が自然に動き、体全体の動きでボールを打つことができます。パッティングの場合は、テークバックの幅が小さいので、体が動きにくく腕や手首だけで打つ可能性が高くなり、不安定なパッティングになります。視線を動かすことによって自然と体が動き、体の動きを使った安定したパッティングになるのです。少し難しい技術ですから練習しましょう。

視線をクラブフェースと一緒に動かして、自然な体の動きを身につけよう

PROFILE

朝井正教（あさい・まさのり）

鳥取県出身。鳥取県の中学校・小学校の教員として勤務する。その間、1981年から３年間、泊村教育委員会に社会教育主事として県から派遣されグラウンド・ゴルフの考案に携わる。1982年７月1日から21年間、日本グラウンド・ゴルフ協会ルール等委員会委員を務める。1990年4月1日から鳥取県教育委員会事務局に14年間勤務、その間、体育保健課指導主事、生涯学習センター係長、生涯学習課係長、生涯学習課長、中部教育事務所長を務める。2004年4月1日から12年3月31日まで鳥取県の公立中学校長を務める。その後、㈱朝井を設立。室内でも屋外と同じ距離感覚でプレーできるグラウンド・ゴルフ用具、安心安全な介護福祉スポーツ用具の普及に努めている。

〈おもな功績と役職歴〉

1984 年	鳥取県泊村長から感謝状受賞
1988 年	鳥取県中学校体育連盟理事長、中国中学校体育連盟理事長、日本中学校体育連盟評議員、1989 年度全国中学校選抜体育大会開催時の中国地区および鳥取県の理事長を務める
1989 年	(財)日本中学校体育連盟会長から感謝状受賞
1991 年	鳥取県中学校体育連盟会長から感謝状受賞
1993 年	日本グラウンド・ゴルフ協会長から表彰状受賞
2003 年	社団法人 日本グラウンド・ゴルフ協会長から表彰状受賞
2004 年	倉吉税務署長表彰受賞
2006 年	鳥取県教育審議会委員
2010 年	鳥取県中学校校長会長、全日本中学校校長会理事
2011 年	文部科学大臣表彰（教育者表彰）受賞

うまくなる！ グラウンド・ゴルフ 技《ぎ》術《じゅつ》

2011年 4 月20日　第１版第１刷発行
2023年 1 月31日　第１版第13刷発行

著　者　朝井《あさい》正教《まさのり》
発行人　池田哲雄

発行所　株式会社ベースボール・マガジン社
〒103-8482 東京都中央区日本橋浜町2-61-9　TIE浜町ビル
電話　03-5643-3930（販売）　03-5643-3885（編集）
振替口座　00180-6-46620
https://www.bbm-japan.com/

印刷・製本　共同印刷株式会社

ISBN978-4-583-10348-8 C2075